跨界营销

Co-Marketing

不跨界，无未来

吴正锋 ———————— 著

南方出版传媒
广东经济出版社
— 广州 —

图书在版编目（CIP）数据

跨界营销 / 吴正锋著．— 广州：广东经济出版社，2018.7

ISBN 978-7-5454-6239-5

Ⅰ．①跨… Ⅱ．①吴… Ⅲ．①市场营销学 Ⅳ．①F713.50

中国版本图书馆 CIP 数据核字（2018）第 083564 号

特约编辑：马剑涛　徐红有
责任编辑：张晶晶　程梦菲
责任技编：谢　莹
装帧设计：润和佳艺

跨界营销
KUAJIE YINGXIAO
吴正锋　著

中文简体字版© 2018 年由广东经济出版社有限公司发行

出版发行	广东经济出版社（广州市环市东路水荫路 11 号 11－12 楼）
经销	全国新华书店
印刷	大厂回族自治县彩虹印刷有限公司（河北省廊坊市大厂县夏垫镇政府北侧）
开本	710 毫米 ×1000 毫米　1/16
印张	14
字数	208 000 字
版次	2018 年 7 月第 1 版
印次	2018 年 7 月第 1 次
印数	1~40000
书号	ISBN 978-7-5454-6239-5
定价	45.00 元

如发现印装质量问题，影响阅读，请与承印厂联系调换。
发行部地址：广州市环市东路水荫路 11 号 11 楼
电话：（020）38306055　37601950　邮编：510075
邮购地址：广州市环市东路水荫路 11 号 11 楼
电话：（020）37601950　营销网址：http://www.gebook.com
广东经济出版社新浪官方微博：http://e.weibo.com/gebook
广东经济出版社常年法律顾问：何剑桥律师

• 版权所有　翻印必究 •

序言
PREFACE

曾几何时，移动互联网如一夜春风，吹向了各个行业，几乎所有行业都在互联网化。在这个“移动互联网+”的时代，融合、跨界成了商业世界里的新趋势。资源、产品、渠道在移动互联网上被打通，企业和商家只要把终端消费者吸引过来，就能赢得利润，立于不败之地。

跨界已成为一种全新的体验和趋势，它没有边界，无所不在。互联网、移动互联网带来的跨界浪潮正以前所未有之势颠覆传统行业，未来几乎所有的产业都将互联网化。跨界在其中起着至关重要的作用，跨界的发展和延伸必然会打破几乎所有的壁垒和边界。

跨界时代的到来，意味着市场更加多变，传统企业更加焦虑，甚至互联网企业也同样要面临跨界带来的挑战。在跨界时代，全新的商业规则正在形成。跨界的出现到底是机遇还是陷阱？这个问题值得深思。但可以肯定的是，企业在面对大势所趋，但又迷雾重重的局面时，能做的就是培养自己的互联网思维，积极追赶时代的脚步，这样才能在跨界和转型中赢得先机。

如今，传统企业向互联网企业转型，互联网企业向传统企业伸出触角，这种无限延伸的网状思维让整个社会进入了跨界时代。不论是产品、服务、营销还是渠道，都在互联网思维下融合渗透，形成跨界之势。

跨界营销是跨界最好的体现，它齐聚各方的优势资源，以达到“1+1＞2”的营销效果。当两个个性十足且风马牛不相及的品牌联袂“演出”时，将会更加吸引人的眼球。这种营销新模式，大大避免了商家单独作战的乏力感，借助双方内在特质的相关性而进行“有型有趣”的营销攻略，既令营销活动充满趣味性，又能取得事半功倍的效果，可谓一举多得。

不过，跨界营销必须具备两个条件：一个是具有共性的目标消费者，另一个是品牌特质的一致性。品牌的角色感可以把品牌消费群体对文化、利益等方面的追求进行统一整合，从而产生聚合效应。可以说，跨界营销是一种将人类的共同情感价值链接到品牌上的有效模式，它将催化出更大的市场空间。

本书以“移动互联网+”为切入点，首先从宏观层面分析了当前的市场环境和经济发展趋势，以此说明跨界的重要性，并阐述了跨界思维、跨界营销为企业带来的竞争优势、盈利模式，以及企业如何做“跨界之王”。其次，还深入阐述了创意营销、行业跨界、产品跨界、渠道跨界等内容，向读者呈现了一套系统、清晰的跨界思维，让读者找到适合自己的跨界之路。最后，本书还对跨界的“雷区”以及未来的趋势做了深刻的剖析，旨在让读者在跨界中少走弯路。

需要指出的是，“跨界营销”作为一种尚不太成熟的新思维，需要我们将策略构想、合作邀请、谈判、执行跟进等各个环节紧密衔接，像传统的营销活动一样需要论证与精准地实施。虽然目前运用得比较少，但其有着强大的创新性以及广阔的发展前景。

目录
CONTENTS

第三章　跨界营销，企业发展之路的新尝试

第四章　把企业打造成“跨界之王”

第五章　创意营销，跨领域整合力的体现

第六章　行业跨界，企业营销的连横合纵之策

第七章　产品跨界，打造品牌营销的强强联合

第八章　跨越渠道，开辟营销的新天地

第九章　勿踩“雷区”，跨界营销有风险

第十章　做好跨界营销，须把握未来趋势

后记

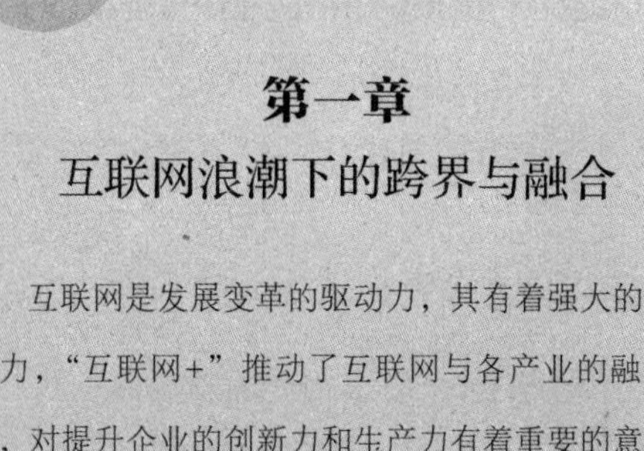

第一章
互联网浪潮下的跨界与融合

互联网是发展变革的驱动力，其有着强大的颠覆能力，“互联网+”推动了互联网与各产业的融合发展，对提升企业的创新力和生产力有着重要的意义。在互联网浪潮下，传统企业将何去何从？又将如何应对整合？融合与跨界将是企业当下主流的发展趋势。

“互联网+”是产业跨界融合的推动力

如今，我国已成为仅次于美国的互联网大国，网络基础设施日益完善，互联网对经济社会的帮助作用日益凸显。经过近些年的发展，中国的互联网企业、产业的应用规模在世界上占据了举足轻重的地位，这一切都得益于“互联网+”概念的提出。

“互联网+”的概念一经提出，在短短两个月的时间里就席卷了全国，引起了一场声势浩大的互联网革命，即计划利用互联网的自身优势对所有的传统产业进行相应的改造升级，然后以此为跳板，引领全国经济的全面转型和升级。

马化腾说：“移动互联网就像电一样，过去有了电能让很多行业发生翻天覆地的变化，现在有了移动互联网，每个行业都可以拿来用，改造自己的行业。”“互联网+”不仅正在全面应用到第三产业，形成诸如互联网金融、互联网交通、互联网医疗、互联网教育等新业态，而且正在向第一产业和第二产业渗透。总的来说，互联网对产业的跨界融合的影响体现在以下三个方面。

1. 信息技术推动产业跨界融合

互联网信息技术的快速发展，逐渐形成了以互联网为基础的产业跨界融合新模式。比如近年来，互联网思维被运用到了各个行业，其普及性在行业内可谓人人皆知，甚至出现了“无互联网思维，无存在感”的趋势。

企业进行跨界融合，就是为了进行信息流、资金流以及物流的集合。企业通过互联网信息技术对信息进行有效控制，致使资源和物流出现相应变化。当下，互联网企业对传统企业的颠覆愈演愈烈，正在快速发展成为推动社会经济发展的重要力量。所以，传统企业利用“互联网+”思维进行自我变革，加快企业自身的转型与升级势在必行。而互联网是传统产业与新兴产业之间连接融合的桥梁，也是产业跨界与融合的重要保障。

2. 技术升级与变革引领不同领域融合

如今，制造、能源动力、电子、互联网等方面都在技术上进行着不断的突破与创新，同时也引领着不同产业之间的跨界与融合。例如，电子领域发生了以互联网信息技术为依托的一系列技术革命，动力领域产生了以新能源和动力装备为依托的变革，制造领域则形成了以3D打印技术和智能制造技术为核心的制造新模式等。

随着各项技术的不断突破与创新，以及几大技术领域的跨界与整合，整个传统行业都进入了产业变革之中。所以，无论是旧的生产模式，还是旧的商业模式，抑或是旧的营销模式，都已经跟当下的发展形势格格不入，亟须寻找一种新的发展方式，跨界与融合便成为趋势。

3. “互联网+”新需求推动产业跨界融合

目前，随着“互联网+”概念对社会市场的影响逐步扩大，无论是互联网市场，还是传统市场，都出现了一些新的需求，也正是这些新的需求推动了产业的跨界和融合，并加快了跨界融合的速度。随着社会经济的不断发展与进步，新的市场需求迟早会出现。不过，这些市场需求还需要经过产业的有效整合，才能发挥作用，从而满足市场和消费者的需求。

随着新兴科技的不断发展与进步，各个领域越来越难以满足市场需求，这就需要各领域之间进行有效连接，逐渐融合起来，以满足日渐增长的市场需求。而产业间的跨界融合必然会满足更多的市场需求，这种跨界与融合相辅相成，共同发展。

移动互联网引领社会形态发生巨变

十年前，手机主要的功能还是打电话，人们还泡在网吧上网，如果你想用移动网络看电影？或是替代电脑，那就是痴人说梦。然而如今，手机除了可以打电话，还可以看电影。许多人不再经常打开电脑，而是利用手机就可以满足自己的需求。

这一切的变化，都要归功于移动互联网的发展。“互联网+”一词频繁出现在公众的视野中，可能很多人不清楚这个词的意思，但它却存在于生活中的各个角落，使社会形态发生了巨大的变化，改变着我们的生活方式，让我们的生活越来越便捷。具体来说，有以下几个方面：

1. 生活方式出现新形式

互联网的出现，让世界各地的人们可以利用互联网进行信息交流和资源共享，电脑网络连接着人们的私人生活和公共生活领域，使人们的生活方式，包括购物方式、阅读方式、学习方式、工作模式等出现了新的形式。

2. 不同领域边界变得模糊

随着互联网的发展，信息正在以前所未有的广度和深度流动起来，行业壁垒在信息洪流冲击之下变得越来越脆弱，行业融合、领域交互成为新趋势。过去小范围的知识传递，变成了无边界的网络社交。不同思想的交流碰撞，必将使得不同领域在未来涌现出越来越多的“跨界人”。

3. 社会利益结构多元化发展

互联网的发展促进了社会利益结构的多元化，使得原有的社会分层结构发生变化，导致社会群体的关系更加复杂。传统社会结构出现了巨大改变，网络社会结构则重新依据兴趣、爱好等方式进行重组。

4. 价值观念和行为模式得以重构

互联网是一个信息流动的平台，自然也有它固有的文化属性。具有虚拟性、匿名性、快捷性、开放性等特点。尤其是互联网作为人们长期参与其中的虚拟社会，有着独有的网络论坛文化特征，互联网提供的资源在空间上重塑了人们的活动场所，在很大程度上改变了人们的生活方式和行为模式。

互联网跨界颠覆利益分配模式

随着移动互联网的加速发展，智能产品和服务出现了井喷的现象，传统企业纷纷跨界进入移动互联网。只要打开百度糯米、团800等生活服务网站，无论是K歌、吃饭、看电影，还是打车、订机票，都可以轻松搞定。跨界移动互联网已为传统企业带来颠覆式的盈利模式，使用户与产品之间的连接更加便捷。

1. 连带产品跨界使企业的盈利模式得到扩展

大多数人认为，跨界只是某一种产品或者某个行业与其他产品或行业的合作。其实，这种理解是不科学的，跨界可以是多方面的，甚至可以形成连锁反应。

举个例子来说，你开了一家书店，可以跨界经营茶饮行业、购物行业、讲座行业等。打造不一样的主题，给用户带去多元化的体验。这样的连带跨界不但能让你的产品更有卖点、更好玩，还能带来更大的盈利。

再拿粉丝经济来说，粉丝经济最早来自于“超女”，超女粉丝们都有充满食欲的名称，如玉米、凉粉、盒饭等。粉丝团长们振臂一挥，粉丝们奔走相告，这些粉丝群体的聚集和行为催生出粉丝经济的雏形。

随着社会经济的发展，粉丝经济摇身一变，粉丝群体成为明星们吸金的重要方式，形成了一种崭新的商业形态。当然，明星要挣钱，粉丝舍得花钱，两相情愿。直到今天，粉丝经济依然存在，而且不仅仅限于明星，产品制造商也开始玩起了粉丝经济。这种连带跨界使企业的盈利方式也得到了扩展。

2. 跨界符合用户需求，就能获得利润

跨界并不是一件容易的事情，想要跨界成功，就必须符合用户的需求。因为只有客户需要的产品，才有可能卖出去，企业才能获得利润。鲜花饼就是一个很好的例子。

鲜花饼的跨界，起初是由几位“多年寂寞的人”在微信朋友圈进行的一场赤裸裸的表白。有意思的是，他们示爱的对象不是某个人，而是一盒名叫“我是花吃”的鲜花饼。这场“秀”让“我是花吃”鲜花饼人气暴增。在内测期就月销8万枚，上线一个月销量就突破20万枚，并频繁与《罗辑思维》、褚橙等同时亮相。

在互联网知识社群《罗辑思维》为庆祝粉丝突破250万而举办的Party上，“我是花吃”创始人受邀参加。此外，“我是花吃”还出现在《罗辑思维》众筹实验室推出的主题“这些企业也都很牛，我们愿意为他们背书”中。

“我是花吃”紧接着又与褚橙搭档亮相于本来生活网，9粒褚橙+6枚鲜花饼组成“两种关于香甜的欲罢不能，一种关于创业的向上力量”主题礼盒，一度售罄（如图1-1所示）。

图1-1 “我是花吃”与褚橙跨界合作

这两次跨界营销都为“我是花吃”带来了不错的曝光率和销量，品牌触达率迅速提升。当然了，这并非“我是花吃”的全部，鲜花饼只是“我是花吃”的尖刀产品，他们想要做的，是立足云南的鲜花产品，打造一条丰富的鲜花衍生食品链条。由此可见，跨界营销不仅能够给企业带来销售的增长，而且还能实现互赢。

在个性化消费时代，跨界是个性化的表现

移动互联网时代的到来也意味着个性化消费时代的到来。个性化消费是指消费者在购买商品时，更加注重通过消费获得个性的满足，精神的愉悦、舒适及优越感，能够以个人心理愿望为基础挑选和购买商品或服务。这个时候，人们所选择的不仅仅是商品的实用价值，还充分体现了个体的自身价值，这种消费观念越来越得到普及。

值得一提的是，个性化消费时代的到来，给企业带来了新的机会，但同时也使得部分传统企业的大规模生产、流水线作业等优势变成了一种负担。面对这种形式，这些企业该如何应对呢？个性化定制可谓是有效的方法之一。

其实，对中国的传统制造业而言，从整个生产形态上说，就是从大规模生产转向个性化定制，使整个生产的过程更加柔性化、个性化、定制化。比如，小米手机的生产，就是根据粉丝的需求，以个性化定制赢得更多的用户。

这表明企业打造传统的B2C平台，建立与消费者沟通的入口的重要性。当然，企业还应该建立移动互联网沟通平台，让每位用户都参与进

来，让他们都成为产品经理人，和企业一起构建属于自己的产品体验。褚橙就是最好的个性化定制案例。

以往的橙子都是遵循流水线装箱、发货、售卖。然而，褚橙却另辟蹊径，走出了一条与普通橙子不一样的道路。褚橙根据人群的不同，设计了十几款个性包装，并将网络流行语印在外包装上，分别锁定不同的人群。这样新奇的方式很快在网络上火了起来，褚橙也成了人们心中的“励志橙”。

可见，企业应该根据消费者的需求生产产品。例如，当人们处于温饱状态时，企业提供最基本的食品就能满足消费者；当消费者追求流行时，企业则需要生产符合流行趋势的产品才能满足他们；而当消费者追求个性化时，企业就需要为他们量身定做个性化产品了。

因此，面对个性化消费的浪潮，企业应该把握好个性化定制，适当地进行产品跨界。比如在产品的设计、生产与营销方面，努力追求产品的个性，以满足不同年龄、不同层次消费者的个性化需求，然后通过跨界营销手段，吸引更多的消费群体。

互联网时代传统企业的出路

随着“移动互联网+”时代的到来，大量传统企业困境重重，纷纷走上转型之路，企业之间的竞争变得更加复杂和难以预料。尤其是移动互联网的迅速发展，使用户、体验、平台、跨界、创新等元素成了企业生存的决定性因素。在这种形势下，传统企业只有两条路可走：要么迎头跟上脚步，探索新型的经营模式；要么坚守老路，在挣扎中求生存。

幸运的是，互联网的到来为企业的跨界提供了便捷。跨界成了一场颠覆活动，确切地说是互联网行业对传统行业的颠覆。传统企业想要在颠覆中重新崛起，最直接、最有效的方式就是打破原有的利益分配模式，颠覆原有的商业模式。只有进行这样的颠覆性变革，企业才有机会实现更好的盈利，实现跨界的成功。

很多传统企业之所以会陷入发展的困境，往往是因为不重视新生事物。历史已经证明，星星之火可以燎原，往往一个不起眼的新生事物却带来巨大的变革。当下，跨界是企业发展壮大的必经之路。大企业，可以通过强强联合，共享双方优势资源；中小企业则可以通过与大企业的跨界合作，借他人的大树来为自己庇荫。

某白酒企业一直采用单一的传统经营模式，一开始业绩不错，但随着互联网的兴起，业绩开始下滑，甚至一个月都卖不出几箱酒。不得已，企业的负责人被迫进行了战略调整，于是与一家叫作“食尚国味”的饭店合作，借助“食尚国味”已经比较成熟的线上和线下营销渠道来销售白酒，开始利用互联网营销。

这家企业具体的做法是：从“食尚国味”微生活会员卡中筛选出一些高端消费者，然后单独针对这些用户开展营销活动，比如通过微信公众号为用户推送消费达一定额度即免费赠酒的活动消息。

通过这种互联网营销活动，该企业的酒类产品迅速由滞销品变为了畅销品，销量一路攀升。如今，这家企业在跨界思维的引导下，改变了原有的经营模式，先后与多家不同行业内的企业合作，市场口碑越来越好，品牌影响力也越来越强。

通过这个案例，你可能会认为只要实现了线下商品的线上化，或者在电商平台上开店，在微博、微信上做营销和宣传，吸引一些线上用户参与线下的活动，就完成了企业的互联网化，就能够像这家白酒企业一样实现跨界的成功。

其实，这只是传统企业跨界的皮毛而已，跨界成功的精髓在于传统企业要具备互联网思维，并善于用互联网思维去发现问题和解决问题。只有抓住了这一点，传统企业才能从根本上跨界到互联网行业。

跨界的本质：高效率整合低效率

在互联网时代，企业面临着诸多困境。要想顺利地解决这些问题，就需要寻找新的思维、新的方法。跨界思维就是一种新型的策划理念与思维模式，其通过嫁接其他行业的价值对企业进行创新改造，制定出全新的企业和品牌发展的战术，让原本毫无关系甚至相互矛盾的行业相互渗透、相互融合，从而在融合的过程中碰撞出新的火花，实现共同赢利。

我们知道，在进入互联网时代之前，传统企业牢牢控制着市场。然而，移动互联网的发展，使跨界成为一种新的潮流。为什么变化会如此之快呢？因为进入互联网时代之后，移动互联网技术的发展使得一切基于信息不对称的中间环节被取代，更加高效的模式应运而生，颠覆传统企业的跨界商业模式便诞生了。

事实上，跨界之所以能够实现，其本质在于消除了信息的不对称，使得更加高效的商业模式浮出水面，同时颠覆传统企业的销售模式。这里我们以新东方集团和沪江网为例来进行说明，两者都受到了互联网的冲击，但不同的策略造就了不一样的结果。

新东方集团的线下教育培训曾经做得红红火火，尤其是其出色的英语培训，让一些二、三线城市的求学者也为之疯狂，不惜花费大量费用到北京、上海等地进行现场培训，目的就是听培训师讲一两节课。

不过，随着移动互联网的发展，更多的培训课程视频被放到了网上，虽然有些视频是收费的，但是价格比较便宜，学习方便，受到了越来越多用户的欢迎。如此一来，培训课价值传递的过程中的效率差被打破，新东方曾经的优势渐渐消失，面临着困境。

再看沪江网，同是专注于英语学习，沪江网开创了在线学习的新模式，让学员节省了大量的时间、金钱和精力，如今已成为新东方的头号竞争对手。

可见，跨界竞争带来的是让原有的商业秩序重新洗牌，让企业面临着被淘汰的危险，如果你不迅速跨界，别人就会走在你的前面，比如沪江网的新模式对新东方造成的影响。

那么，在互联网时代如何实现跨界呢？从本质上来说就是高效率整合低效率。因为信息量的爆发以及传播方式的变革，使得不对称的信息得以颠覆。互联网能够对传统行业进行颠覆，是因为互联网企业从工具到思维，从产品到人才都比传统企业的效率要高出许多。

因此，传统企业非常重视互联网人才以及植入互联网基因，其重要性在于从思维到技术，从人才到产品，互联网企业拥有更高的效率和技术，可以实现对传统要素和传统生产关系的重新分配，从而提升价值传递的效率。因此，对于跨界而言，只有改善传统企业的低效点，企业跨界才能够得以成功。

那么，什么是低效点呢？其实指的就是一切用户需求不能很好地得到满足、高交易成本对效率低下的或者说是存在用户痛点的缺陷性因素。这些都是阻碍企业发展的因素。对低效率进行改善是跨界成功的保障。举个例子来说：

水费、燃气费和电费与我们的生活息息相关。用户需要到营业厅或者小区的物业部门缴费，但是由于大部分人受上班时间限制，往往会延迟缴费，导致出现被断电、断水的情况，这种低效率给用户带来了不便。

后来，随着网上支付的发展，阿里巴巴的支付宝业务上线，人们可以很方便地在网上缴纳水电费、煤气费。这样，缴费效率大大提高，相应机构的工作压力也大大减轻，这便是低效率向高效率的转变。

这个案例告诉我们，无论是跨界企业对传统企业低效点的颠覆，还是传统企业的自我跨界、自我逆袭，都要用心审视传统企业自身及其整个价值链条中存在的低效点，以完成自我革新或颠覆。只有具备颠覆和打破的精神，跨界才会取得成功。

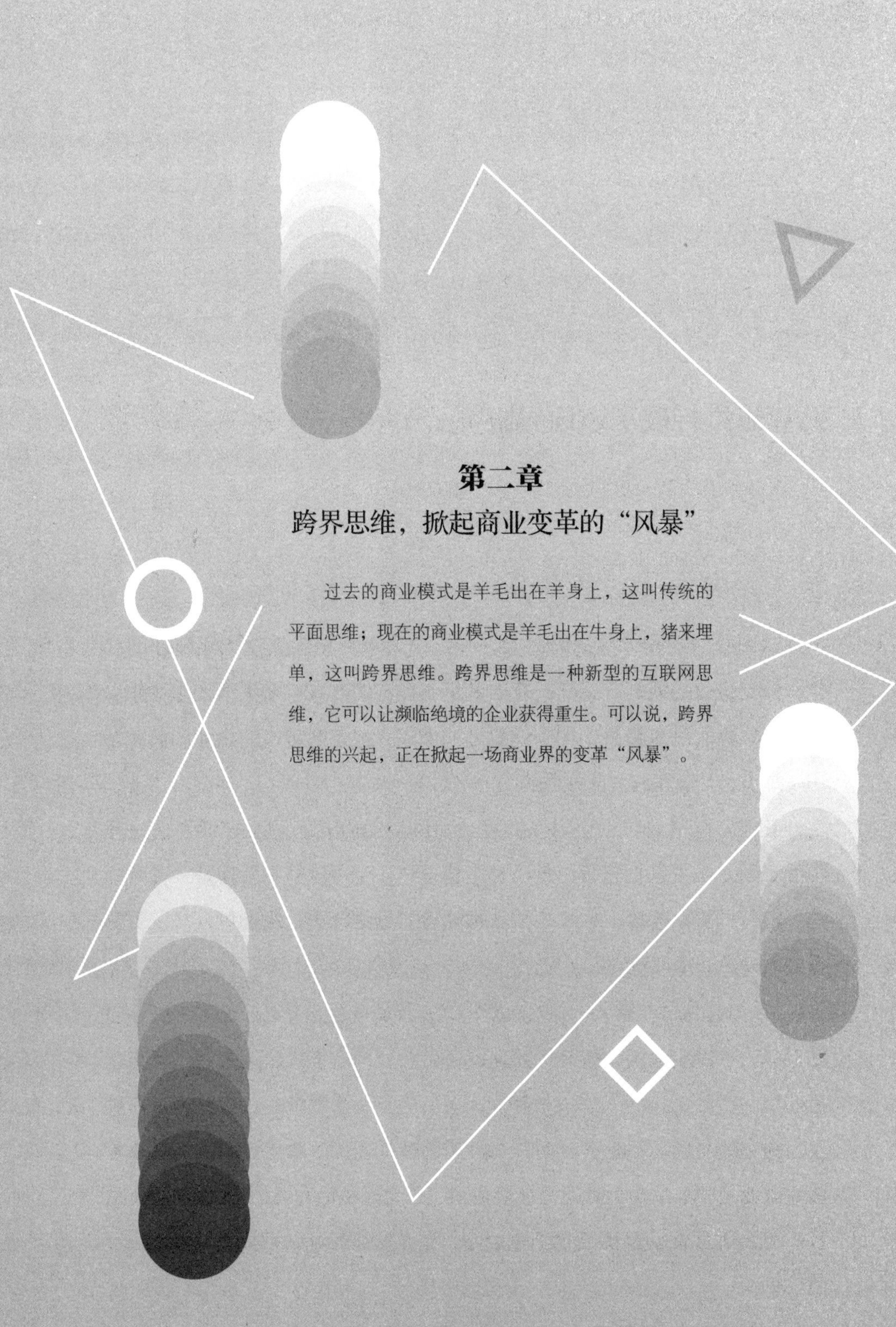

第二章
跨界思维，掀起商业变革的“风暴”

过去的商业模式是羊毛出在羊身上，这叫传统的平面思维；现在的商业模式是羊毛出在牛身上，猪来埋单，这叫跨界思维。跨界思维是一种新型的互联网思维，它可以让濒临绝境的企业获得重生。可以说，跨界思维的兴起，正在掀起一场商业界的变革“风暴”。

跨界思维打破了市场界限

受到互联网和大数据的影响，一方面，市场格局发生了颠覆性的变化，被迫进行重新划分；另一方面，企业经营的方式也在不断发生变化。跨界思维作为一种极具个性的商业思维模式，被越来越多的企业和商家运用。那么，什么是跨界思维呢？

其实，跨界思维就是以多角度看待问题的方式来解决企业经营过程中的难题。既可以把它看作是一种跨越思维，也可以把它看作是一种时尚的、流行的生活态度。它代表了一种独特的思维特质。我们可以从以下三个方面来更好地理解它：

（1）跨界思维属于一种外向型思维，其属性就是外向，倾向于到外面的世界去开辟出新的领域。例如，云南白药公司原本生产经营用于疗伤止血的精品中医药，为了开拓业务，云南白药做起了牙膏。这被认为是一种不自量力的行为。但是，云南白药公司选择了正确的跨界方向，中医药护齿保健的品牌，用10年时间把规模从3000万元人民币发展为120多亿元人民币。由此可见，只要找准市场切入点，跨界思维就可以发挥出“1+1>2”的效果。

（2）跨界思维是“第三只眼”，同时也是一种思维多向性策划。例如，娃哈哈杏仁青稞粥，跳出了传统的“八宝粥”食品范围，开启了一种“清新平衡”的全新诉求模式，开创出新一代的健康方便食品。这表明市场中存在的许多问题都不是一两只眼睛就能找出解决方向的，要想成功跨界，企业还需拥有“第三只眼”。

（3）跨界思维具有综合性。跨界思维涉及多行业、多领域、多文化，所以更具有综合性，需要实现由多到一的融合创新。不过，在这个前提下，对跨界思维者的要求就会更高，他们必须具备多行业、多文化、多领域的营销策划能力。

互联网时代的跨界思维是综合性、多角度、外向性的策划思维，是能够将企业带出困境的整合营销思维。每个遇到瓶颈或是想要获得更大成功的品牌企业，都需要具备这种跨界思维模式。

然而，当今很多企业生存困难，原因就在于同质化严重，其不仅表现在产品上，还表现在营销思想和营销手段上。在这种同质化严重的市场里，企业不改变思维，依旧以传统的营销方式与其他企业竞争，注定是要被淘汰的。

因此，想要在产品同质化现象严重和品牌过剩的成熟市场中获得强大的竞争力，最有效的方式就是开拓新市场，打破传统界限，迈入新的领域，也就是要有跨界思维。企业应该打破传统市场界限，与不同的企业找到利益共同点，进行跨界合作。

1. 打破传统界限，企业之路才能更广阔

企业跨界就是要打破传统界限，只有这样才会有更广阔的发展之路。当然，跨界并不是单纯地找一家企业合作，而是选择在合作的时候双方在用户体验方面能够互补的企业。跨界思维和近年来盛行的“以客户为中心”的企业经营理念是相符的。

蒙牛乳业与迪士尼跨界合作，共同打造了一个全新的跨界经营模式。《梦幻迪士尼》是迪士尼公司发布的全球首款回合网游。其延续了迪士尼风格的人物、画面、音乐以及故事线路，极力打造一个让玩家触手可及的梦幻世界，在全球拥有一大批铁杆粉丝。蒙牛利用其在国内的品牌影响力和成熟的线下销售渠道，与迪士尼公司强强联手，为消费者带来了别出心裁的娱乐体验。

蒙牛与迪士尼的合作内容包括：第一，在各大超市商店中，用户会看到《梦幻迪士尼》游戏中的人物喝蒙牛产品的广告；第二，玩家在玩《梦幻迪士尼》这个游戏时，可以花钱购买到印有蒙牛标签的体力补给品。

坚持“提供绿色乳品、传播健康理念”的蒙牛与致力于“为游客提供最高满意度的娱乐和消遣”的迪士尼在消费者理念上有相通之处。所以，双方的这次跨界合作可谓水到渠成、一拍即合。这种打破传统界限的模式，给蒙牛和迪士尼都带来了很大的利益，同时，也让双方的知名度和影响力都获得了很大的提高。

2. 跨界不相关企业，找到利益共同点

跨界能带来无限可能，它可以让一个濒临破产的企业获得新生，也可以让一个新兴品牌快速登上热门排行榜，还可以让几个原本毫无瓜葛的企业走在一起，共同组成一个利益圈。作为企业，要善于从不同的行业中找到利益的共同点，实现跨界。

当下传统企业和移动互联网企业之间频频擦出火花，双方都在尝试打破壁垒，有效实现优势互补。海飞丝携手美柚开展了一次跨界合作，联手传递出了“产品实力派”“创业实力派”的理念。除美柚外，与海飞丝跨界合作的还有滴滴打车、口袋购物等企业。

虽然彼此之间的产品互不沾边，甚至没有任何交集，但是却能走到一起，原因在于：一方面，海飞丝可以利用跨界实现传统用户和互联网用户的交叉；另一方面，滴滴打车、美柚、口袋购物等APP拥有超过几亿的用户量，这能为海飞丝带来海量的潜在客户。

海飞丝此番与众品牌合作，通过发挥各企业在各自领域的优势，如美柚在女性健康领域的影响力，滴滴打车在交通出行领域的影响力，口袋购物在电商领域的影响力等，与不同企业互换并整合优势资源，从而获得了更高的市场份额和更好的品牌传播效果。

跨界思维有助于企业突破瓶颈

如今的市场瞬息万变，各个企业都处于社会转型期的剧烈变化之中，你很难预料接下来会发生什么变化。为了生存，每个行业、每个企业都在积极探索适合自己的生存之道。跨界合作、跨界整合成为一种行之有效的思路。

尤其是跨界思维，它是一种新型的战略策划思路，其通过整合其他行业的价值来对企业进行创新性改造，让那些原本毫不相关，甚至属于零和关系的不同行业实现融会贯通。在这个跨界整合的过程中，企业可以利用不同行业资源的组合来创造出新的商业模式。

1. 跨界是企业的梦想

企业要想战胜竞争对手，在一个行业名列前茅，是一件非常不容易的事情。对于大企业而言，它们可以采取多元化发展战略，涉足众多利润丰厚的行业。不过，这需要大量的资金和人才，而且还依赖于对各行业信息以及商业渠道的掌控。对于许多中小企业来说，它们在这些方面存在不同程度的短板，要想实现更好地发展，就必须进行资源整合，实现跨界合作。

2. 跨界是企业突围的方向

互联网时代的到来冲击了大多数传统行业。例如，网上商城和快递行业的发展让消费者足不出户就可以方便地购物，这使得传统零售业（实体店）的客流量急剧下降。然而，“三只松鼠”运用互联网思维，将坚果卖到了网上，利用网络营销的渠道创造了传统零售业难以望其项背的辉煌业绩。

由此可见，以大数据为保障的互联网经济对于各行各业来说，既是机遇，也是挑战。在技术条件相对落后的过去，企业很难获得优质的跨界资源，也难以充分了解不同行业的关键信息。随着互联网的出现，各个传统企业一方面通过互联网平台的力量扩大自己的影响力，另一方面利用互联网数据实现跨界整合。

《中国合伙人》是以教育培训行业的龙头企业“新东方”的创业历程为原型拍摄的，其上映在国内引起一片轰动，让许多创业人士为之落泪。然而，电影的轰动只代表新东方的过去，现实中的新东方却遭遇了瓶颈。从2011年下半年至2012年上半年，新东方已经亏损了4个亿。2013年，百度、阿里巴巴和腾讯更是不约而同地推出了在线教育平台。

2014年，新东方不得不顺应时势变化，与腾讯科技进行合作，将自己雄厚的师资力量与互联网技术相结合，再发挥互联网的作用，共享海量信息的优势，并针对不同的学生情况制定了更为个性化的辅导模式。这个跨界之举为其带来了新的生气。

由此可见，跨界合作有助于企业突破瓶颈。实现跨界思维带来的商业复合模式，或许会是一个比较容易找到突破口的思路。但与此同时，这也将带来更复杂多变的跨界竞争，让过去的所有商业秩序都不得不面临重新洗牌的形势。

可以预见，未来互联网经济下的跨界竞争会越来越激烈。即便你不主动跨界，也会被他人的“跨界”所驱使。如果你跨界太慢，则会被竞争对手抢占先机。互联网时代的市场法则往往是赢者通吃。所以，先行一步和落后一招的结果可能有天壤之别。

跨界是必然的趋势

早在2013年，“跨界”就已经成为中国互联网发展的热门词语。原本以电子商务起家的阿里巴巴，开始跨界到电影、金融、旅游甚至保险行业；原本一心搞搜索引擎的百度，也跨界到团购、租车等领域；原本以家电闻名世界的海尔集团，在这种浪潮之下，也开始跨界进入智能家居领域。

在迈向大互联时代的今天，跨界已经成为一种必然的趋势，成了不可阻挡的商业潮流。互联网发展带来的跨界现象可分为以下三个层面。

1. 产业层面

虚拟经济与实体经济互相融合，渗透平台型生态系统的商业模式。例如，外界很难定义阿里巴巴是什么类型的公司，因为它涵盖了许多领域，甚至用十几亿元买下了恒大足球50%的股权，玩起了足球。

2. 组织层面

互联网的发展使专业化分工变得越来越明显，“虚拟化组织”的迅速发展让传统组织管理面临着新的挑战，组织边界越发模糊。

3. 跨界式人才

在互联网时代，信息量的爆发以及传播方式的普及和迅速，致使许多人都主动或被动地进行了跨界知识储备。这些两栖人才成为许多企业竞相邀请的对象。

无论是哪个层面的跨界，都必须具备跨界思维，因为有了跨界思维，我们才能寻找到传统与创新之间的交叉点，把握传统企业与移动互联网企业之间的结合点，并能够利用这种结合点实现传统企业的自我颠覆。

其实，不仅民间在大力倡导跨界思维，在第十二届全国人大三次会议上，李克强总理在政府工作报告中提出的“互联网+”战略，也是一种跨界思维的体现。

总理将“互联网+”战略简述为：国家要制定“互联网+”计划，推动移动互联网、云计算、大数据、物联网等技术与现代制造业相结合，推动工业互联网、互联网金融和电子商务的健康发展，引导互联网企业拓展国际市场，促进国家经济的发展。

国家提出“互联网+”计划，也是顺应了市场的潮流，其本质是鼓励各行各业在移动互联网时代实现跨界，即传统行业向移动互联网时代的跨界。无论是餐饮、旅游，还是制造、汽车工业等，联合互联网便可以开创一种新型的经济模式，从而实现企业的自我颠覆，跨界成功。

然而，一些企业后知后觉，对互联网不够重视。例如，有的传统企业在与互联网的跨界实践中，线上与线下大多还处在割裂状态，线下的人深知传统行业的发展状况，却不懂互联网；线上的人空有技术，却搞不定市场与运营。这种状况如果不改变，跨界必将寸步难行。

如果你还是不相信这一潮流，那么国家战略的提出就是最好的说服力。传统企业目前最重要的是紧跟政策，将自身的“互联网+”提上日程。

主动变革，赢得跨界先机

在移动互联网时代，无论是传统企业，还是互联网企业，都要积极地打破边界，突破思维束缚，并加快产业之间的融合速度。随着智能硬件和智能应用的高速发展，新技术产品之间形成了良好的互动，为扩大互联网市场用户的需求提供了帮助，同时也加快了传统产业的转型升级速度和互联网产业的跨界融合速度。

当下，用户的思维和需求都发生了变化，一些新颖的商业模式和营销模式逐渐出现。在这种情形下，传统企业也好，互联网企业也罢，只有主动跨界，拥有新的经营思维，才能提高企业的运营效率。例如，互联网BAT〔中国互联网公司百度公司（Baidu）、阿里巴巴集团（Alibaba）、腾讯公司（Tencent）三大互联网公司首字母的缩写〕巨头已经开始主动跨界，它们挑选各个垂直领域的顶级互联网企业进行战略投资，从而实现迅速跨界。

为什么BAT会先行跨界呢？这主要是由其自身优势决定的。一是互联网跨界公司打破了原有边界，利用新技术打造新产品，而这些产品一般具备高性价比等特点；二是重视对数据资源的掌握，因为数据资源有助于企业将流量进行合理变现，这样就可以保证跨界企业在与传统行业进行对抗时占据更多的价格优势。

互联网巨头在打破现有边界时，常用的方法是自我颠覆、自我变革、主动跨界，通过这样的方式来实现颠覆和跨界。不过，跨界形成的新业务，很可能会对现有业务形成冲击，甚至淘汰掉现有业务。比如微信和QQ。

微信还没有开发时，QQ可谓是通信市场的霸主。然而微信一现身，QQ顿时就暗淡了。其实，说到微信的开发，这对于腾讯来说是万幸。

腾讯负责移动产品研发的人员不少，但他们一直没有抓住移动互联网领域中的有利时机。不过，腾讯内部孵化出的广州电子邮箱研发团队，却在关键时刻爆发出了巨大的冲击力，成功地将微信推了出来。

其实，在微信刚准备上市时，腾讯的手机QQ部门一致反对，因为他们已经在做类似的产品，而且在即时通信软件应用方面拥有十分丰富的经验，他们认为没必要那么赶。但广州电子邮箱研发团队却认为微信是一次重要机会，抓住这个机会就可以为腾讯带来巨变，于是提前研发出了微信。

马化腾后来回忆说："微信这款产品的成功上市，使腾讯获得了前所未有的成功。但是，如果这款产品不是被腾讯研发出来的，而是由其他互联网公司推出的，那么腾讯将完全失去招架之力。现在回想起来，其实真正的关键时刻，也就一两个月而已。那时，公司的几名核心高管一直在讨论合适的方案，对产品进行试错，然后再进行针对性的调整。"

可见，当颠覆性业务还处于潜伏期时，利用内部孵化模式，在适当的时机成立专门的产品研发机构，并建立相应的服务机制，对企业的发展是非常有利的。这就相当于在企业内部建立一个PK机制，让不同部门之间进行赛跑，而跑得最快的就会成为赢家。

另一方面，企业应该放松对新业务的束缚，这样才能促进其呈现出爆炸式发展的态势。企业应该善于把企业内部具有颠覆性的业务独立出来，交由专业人员负责运作，这样能为企业带来意想不到的发展。

微信的主动出击，使其代替QQ成了最大的通信工具，这也说明了主动进行变革，才能赢得跨界先机。不过，需要注意的是，跨界并不是一蹴而就的，需要经过多方努力。尤其需要进行介入领域的技术储备，占据技术优势，这样才能在跨界过程中攻克难关。

跨界是企业当下最强的吸流方式

在市场经济时代，企业的竞争目标是什么？就是吸引客户，换句话说就是吸引流量。因为有了客流量，企业就有了资本，也就有了业绩，而跨界是一种很好的吸引流量的方式。

在互联网时代，社群兴起，无论是QQ，还是微信，都有它们各自的群体，企业如果与这样的平台进行跨界合作，就能很轻易地把对方的客流量吸引到自己的产品上来。那么，如何才能更好地跨界合作呢？

1. 搭载高流量平台，跨界更有效

企业吸引流量不是一件容易的事情，很多时候即使花费了大量财力也未必能够达到效果。其实，企业想要吸引更高流量，最简单的办法是与拥有高流量的企业进行跨界合作。通俗地说，就是借他人大树来乘凉，比如海信与微信的合作。

2015年3月20日，海信电视推出了微信电视。如此一来，海信微信电视除了具备一般微信电视所具备的功能之外，还独家开创了“全程盲操”的

手机操控体验模式。用户只需要通过微信扫描电视上的二维码，手机就能摇身一变成为遥控器，如果手机与电视处在同一个局域网中，还可以自动连接。

另一方面，海信微信电视突出的功能还体现在社交上。当智能手机和海信电视互联后，用户可以在微信中查看好友关注的节目，也可以同好友一起关注某节目。此外，还可以向好友推荐或与好友一起分享好节目。利用微信强大的社交流量，海信电视无论在销售还是推广方面都取得了很好的效果。

2. 跨界推出新产品，吸引更大流量

推出新产品或者新服务来吸引客户，这是大部分企业的一贯做法。虽然此举能够起到一定的作用，但是依旧存在无法摆脱所属行业的局限的问题。那么，有没有更好的办法呢？跨界是很好的选择，企业可以联合一个新的企业或者行业，推出新的产品或者服务。一旦消费者产生好奇心，企业就能快速吸引流量。

2017年2月12日，全球首家家庭大商品消费服务平台“家园网”在北京举行“家园旅行”“家园汽车”正式运营发布会（如下图2-1）。家园网此次推出的“家园旅行”“家园汽车”两大产品线均以跨界产品和专业全管家服务为核心优势，颠覆传统的经营模式，突破行业壁垒，设计出“旅行+汽车”“旅行+医疗”等全新经营形式，为用户带来极致跨界的消费新体验，打造全新的无忧生活方式。

“家园旅行”是家园网的重要产品线，是专注于出境旅行、出境度假的优质平台，提供团队游、自由行、定制游、签证代办等全方位的旅行信息服务。“家园旅行”还与最优5A出境社合作，提供30 000多条优质境外线路，覆盖全球100个热点出境目的地。

此次“家园旅行”产品主打“极致跨界”，内容包括“家园旅行”与“房产”跨界打造的海外置业产品，“家园旅行”与“家园医疗”产品线跨界打造的海外医疗产品，包含“日本防癌体检”“韩国美丽之旅”等。针对当下家庭消费热门需求定制的跨界产品，吸引了更多用户在线或通过金管家预订，达到了吸流的目的。

图2-1 家园旅行与家园汽车发布会

由此可见，无论是搭载高流量平台，还是跨界推出新产品，都是企业增加流量的有效跨界之法。企业要时刻具备跨界思维，善于把握时机，利用跨界为自己吸引流量，从而打开企业的被动局面，促进企业的快速发展。

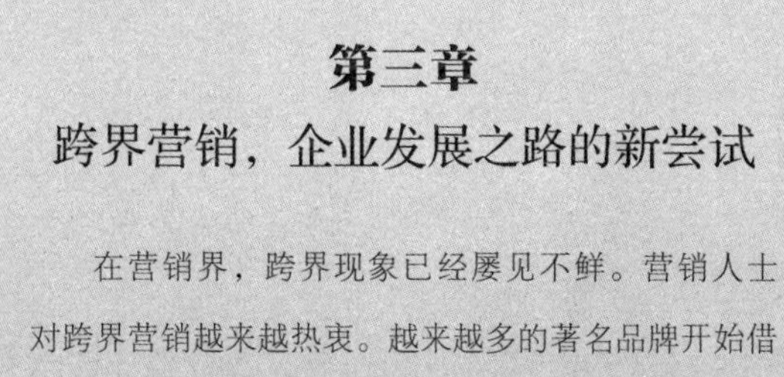

第三章

跨界营销，企业发展之路的新尝试

在营销界，跨界现象已经屡见不鲜。营销人士对跨界营销越来越热衷。越来越多的著名品牌开始借助“跨界”营销，寻求强强联合的品牌协同效应。因此，如何做好跨界营销，成了企业发展的重要一环。

跨界营销的要点及其意义

跨界营销已经成为时代发展的趋势，各行各业的营销人士对跨界营销相当重视。越来越多的知名品牌纷纷借助网络的力量，寻求互补互利的跨界合作。企业要想顺利地跨界，尺度很重要。跨得太小，覆盖面小，影响力自然有限；跨得太大，可能又无法有效掌控与管理，甚至有可能被牵着鼻子走。因此，企业跨界必须把握以下三个要点：

1. 跨界要大胆，但不能盲目

企业在进行跨界时，跨度可以适当地大一些，即使是与企业风马牛不相及的行业，也要敢于尝试。例如恒大，从房地产跨界到旅游度假产品，从体坛延伸到饮用水。如此一来，喜欢足球的粉丝，对恒大冰泉产生了爱屋及乌的接纳，而周末度假的游客对恒大房地产又有了全新的体验。

2. 跨界要有高度

企业跨界要尽量做到有高度，这样才能吸引更多人的关注。例如凯迪拉克联手Zegna，站在金字塔顶端时，就像天下盛事，媒体都瞄准了这对

“金童玉女”。身穿全球奢华男装品牌Zegna，驾着超级跑车凯迪拉克，两大顶级品牌共同会演“锋尚汇”，借此活动评选出“最具凯迪拉克精神奖”和“最佳着装奖”，一场牵手时尚的跨界营销赢得了关注。

3. 跨界品牌渗透力要深

在《变形金刚4》火爆登场后，除了赢得了孩子们的欢呼声，还获得了无数爱车人的青睐。其中的汽车无论在款式、色彩、功能，还是在宣传展示方面，都相当炫酷，绝对是一场精彩绝伦的豪车秀。这种跨界营销，从《变1》到《变4》，一直在升级，一直渗透到品牌的文化，从纯动画制作到荣耀正义，彰显品牌的理念，这种深入能带来一种精神号召力。

只有真正领悟到了跨界的精髓，企业一次次的跨界才能够获得成功，对品牌和营销而言才是有益的。可以说，跨界就是集合各种优势条件，结合天时、地利、人和，达到让企业获益的目的。所以，跨界营销对于企业来说意义重大。主要体现在以下几个方面：

1. 延伸产品的功效和应用范围

各个行业间的界限正在逐步被打破，在一个大的概念范围内，行业之间早已是你中有我、我中有你。我们在很多时候难以分辨一款产品应该属于哪个行业，比如我们熟悉的康王洗发产品，也许你认为它属于日化用品，但其实它属于药品行业。

2. 满足新型消费群体的需求

消费者的需求已经扩散到越来越多的领域，对任何一款产品，他们不仅要求满足功能上的需求，还要求体现出一种生活方式或个人价值。

3. 提升品牌的竞争优势

如今，不再是一个单打独斗的时代，任何一个优秀的品牌，由于特征的单一性，受外部性的影响较大，尤其是当出现具有替代性的竞争品牌时，企业品牌的影响力就会受到挑战。基于这些原因，跨界营销通过行业之间的相互渗透和相互融合，品牌与品牌之间的相互映衬和相互诠释，使得企业整体品牌形象得以加强。

总之，企业通过跨界营销，不仅能有效整合资源，节约成本，还能通过用户体验提升口碑，加深用户对企业品牌的价值认同，建立创新营销的新模式。

跨界营销就是要改变消费观念

企业进行营销的目的，是把自己的产品卖出去。一是让新顾客购买自己的产品，即让不知道或没有使用过自己产品的人认识并使用自己的产品；二是让已经购买产品的顾客再次购买。跨界营销，就是通过顾客体验的互补以及销售渠道的不断拓展来实现这两种销售目标。

跨界营销的目的是开发自己的潜在顾客，吸引顾客眼球，激发顾客的购买欲望。无论是企业自身的跨界探索，还是不同行业、不同企业之间的同盟联合，都要扩大自己的客户群体，整合两个不同行业之间的消费顾客。而这个目的的达成，必须以两者之间顾客群的相似性为前提，这就要求我们分析跨界行业中顾客群体的详细属性。

另外，企业还需要抓住老客户。因为再忠诚的消费者，也会接触或者使用别的同类产品，而跨界营销的目的就是使这样的情况尽量减少。消费者在日常生活中可能会形成使用固定品牌的习惯，而两个不同功能型品牌产品的联合，可以在这两者之间形成有机联系，从而改变消费者的消费习惯。

有一个鞋厂希望把自己的产品销售到一个小岛上去，可是由于小岛十分偏僻闭塞，该厂对岛上居民的生活习惯一无所知。为了了解小岛上鞋子的销路行情，该厂决定派市场调研人员去实地考察一番，以便确定是否将自己的产品在岛上销售。

第一个销售人员来到岛上后，发现所有人都不穿鞋子，于是非常失望地离开了，回到公司后对领导说，鞋子在那个岛上完全没有销售的可能，因为那里的人根本就不穿鞋；而第二个销售人员到岛上去看过后，欣喜若狂，回来却对领导说："鞋子在那个岛上的销路一定很好，因为那里几乎人人都需要一双鞋。"

两个人的调研结果完全相反。不过相比之下，第二个人的市场调研观点显然更有价值。但要达成销售的目的，实现让每一个人都买一双鞋的销售构想，就必须改变岛上人们的行为习惯和观念。跨界营销，就是一种改变人们行为习惯的有效方式。

把两种不同的产品结合起来，让人们在使用一种产品的同时，会不由自主地选择另外一种产品，这就是跨界营销的目标，也是跨界营销吸引新顾客，扩大自己任意一种产品用户群的人数，提高老顾客购买次数的有效手段。

当然，将生活理念不同的两种消费人群整合起来并不是一件容易的事情。尤其是在双方的消费群体看来，对方的群体属性正是自己需要着力避免的。比如，一个强调个性化、潮流的消费群体和一个强调质量、性能的消费群体，很多时候就存在矛盾。两个产品要想跨界营销，首先就必须打通彼此的思想观念。

再比如，"消费潮流"也是生活品位的一种体现。和生活品位一样，相互排斥的两个群体可能出现冲突情形，只是消费潮流把这些具体化了。重视消费潮流的一致性，跨界营销才能取得事半功倍的效果。

所以，跨界营销要想成功，就必须考虑消费者各方面的消费特征，分析各种可能情况，看一看营销策略能否给客户带来体验上的提高，以改变消费者的思想。今天，消费者已经成为互联网经济时代的主角，所以谁能主导消费者的习惯，谁就能把握住市场。

跨界，拓展企业的营销之路

在互联网商业时代，人人都在玩跨界。如果企业不进行跨界，产品的销售渠道就会很单一。而销售业绩和销量完全取决于产品质量和企业知名度，想要实现这二者的提升，就要进行跨领域的合作。

企业一旦跨界，销售渠道自然就会多起来，让更多的客户了解到企业品牌、产品理念等。尤其是在互联网信息共享和开放的环境中，企业更可以通过跨界以多渠道的方式来销售产品，实现利益最大化。

然而，跨界也是一门技术活。很多品牌在进行跨界经营时只是单纯地利用双方的技术优势，推出新产品或者新服务，这是远远不够的，这只是跨出了第一步而已。

其实，接下来的营销和传播才是最重要的。没有传播和营销，就没有销量，就不可能给企业带来利润。所以，跨界的最终目的应该是打造更宽广的营销渠道，获取更多的利润收入。《穿越火线》与Zippo跨界就是一个很好的共赢例子。

2016年12月9日，在腾讯游戏嘉年华战略合作发布会上，《穿越火线》

官方宣布和国际知名品牌Zippo达成IP跨界合作（如图3-1）。

图3-1 《穿越火线》与Zippo跨界合作

《穿越火线》作为国内用户最多的枪战游戏，注册用户超过5亿，最高同时在线人数超过600万，早已成为人尽皆知的国内顶级游戏IP。而此次与Zippo跨界合作的背后，体现出的正是《穿越火线》所采取的IP授权开放合作模式的独特优势，以及对自身IP价值的长远打造和维护。

作为一款备受年轻玩家关注的经典游戏，《穿越火线》积极谋求多领域平行演绎，通过开放式合作引入优秀的合作伙伴共同打造明星IP。通过此次合作，《穿越火线》联手Zippo共同推出“CF&Zippo”合作款全球限量打火机。

另一方面，“燃！CF+Zippo设计大赛”周边产品设计大赛向专业设计领域和广大玩家群体征集周边产品设计创意（如图3-2）。并选取两名优秀获奖者到美国Zippo总部交流体验。通过推出专属合作款火机和设计大赛活动，《穿越火线》团队不仅提升了品牌价值，也加强了与玩家间的联系，让《穿越火线》所代表的游戏文化得到更好的释放。

图3-2 燃！CF+Zippo设计大赛

而作为国际知名艺术品与收藏品品牌，Zippo这次牵手《穿越火线》主要看中的也是IP的契合度和《穿越火线》IP战略的长远性。游戏“枪战就要燃”的主题和其提倡的积极向上的战斗精神与Zippo的品牌内涵高度契合。Zippo作为收藏界的宠儿，本身对品牌文化的打造是非常重视的，这与《穿越火线》团队对打造IP延伸文化的战略不谋而合。

此次推出的“CF&Zippo”合作款打火机，不仅是作为游戏IP衍生品提供给广大玩家，更是《穿越火线》通过动漫、影视以及手游产品等多个领域实现的泛娱乐布局，为玩家提供连贯而完善的游戏文化。

通过与Zippo的合作，《穿越火线》已经拥有了良好的开始，基于开放合作的IP战略模式，未来还将会有更多的授权合作伙伴加入进来，共同提升《穿越火线》IP的价值。这不仅是对IP的保护，也是给玩家以更多游戏文化层面上的享受。

寻找战略伙伴是跨界营销成功的关键

互联网时代是一个不断创新的时代。在互联网的平台上，每天都不断地涌现出新的营销方法、新的营销策略、新的产品等新事物。面对这一系列的挑战，企业必须找准自己的应对策略，找到自己的发展方法。而寻找一个战略上的合作伙伴无疑是非常利于企业发展的。

在竞争激烈的互联网时代，与其他行业进行联合，不但是一种缓解冲击的有效方法，而且是一个快速成长的途径。强强联合能够使双方的阵营更加稳固，能够在面对强大对手时，具备更强的实力。而强弱之间的联合也能使双方得到互补。强者无须再开发新的市场，招聘新的从业者，节省了资金；弱势一方则可以凭借强者的威望，让企业平安度过发展期。弱弱联盟则可以提高企业的抗冲击能力，使得企业能够面对更大的经济风险。总之，无论哪种形式的联合，都比单打独斗更具有优势。

那么，一个企业应该如何选择自己的合作伙伴呢？什么样的合作伙伴是对自己有利的？是不是合作伙伴越强大，对自己就越有利呢？其实，真正适合企业的合作伙伴需要与企业具备以下共同点：

1. 联合企业的资源具备共性和对等性

两家企业要进行跨界营销，必须在品牌情况、综合实力、企业战略、消费群体、市场地位等方面具备一定的共性和对等性。只有双方资源匹配的跨界营销，才能充分发挥品牌的协同效应，从而产生“1+1>2”的共赢效果。

2. 合作双方是共生关系而非竞争关系

跨界营销意在通过合作丰富彼此产品或品牌的内涵，从而实现双方在品牌或产品销售上的提升。因此，进行跨界营销的企业或品牌应是互惠互利、互相借势增长的共生关系。

3. 合作双方的品牌理念要大体一致

品牌理念作为一种文化载体，体现了企业自身的个性特征以及特定消费群体的诸多特征。进行跨界营销的双方，在品牌理念上必须有一致或者相似的诉求点，这样才能让消费者由A品牌联想到品牌理念相同或相似的B品牌。

考量过以上因素后，企业就可以尝试跨界了。最简单的跨界合作是上下游企业间的合作。这种方式无论是从营销，还是从生产上都能起到决定作用。而且这种联合方法也简单直接，不需要进行各种形式上的规划、各种市场的调研以及各种消费者的特征分析。另一种联合方式是，两家完全没有关系的企业经过特殊的营销策略联系在一起，以带来不错的效益，例如蒙牛与捷安特的跨界合作。

2015年5月6日，第25届中国国际自行车展览会期间，乳业品牌蒙牛与GIANT（捷安特）品牌签署战略合作协议，宣布双方未来将在品牌、渠道、资源等方面展开广泛深入的合作。与此同时，蒙牛旗下活动品牌M-PLUS将赞助捷安特卓比奥斯职业自行车队，成为车队“唯一指定乳制品”，跟随队员征战各级赛事，为队员补充优质的天然乳蛋白。

签约仪式上，蒙牛集团市场管理系统母品牌管理中心总经理陈颢表示：“蒙牛在为普通消费者带去更好乳品的同时，也致力于为专业人士带来更好的营养。与捷安特的合作是蒙牛继昆仑决之后，与运动品牌的又一次牵手，双方的合作将助力蒙牛为自行车活动爱好者提供最极致的运动产品和更好的体验服务。”

捷安特（中国）品牌长胡建中说：“捷安特倡导单车新文化运动，分享骑乘自行车的愉悦感受，此次合作不仅是双方资源的互动，也是希望将更好的运动牛奶分享给捷安特的用户和广大自行车爱好者，享受运动中的幸福滋味。”

签约仪式当天，捷安特职业车手对蒙牛M-PLUS所提供的智能服务兴趣盎然。通过互联网，M-PLUS首度将牛奶与智能设备结合，配合智能体质仪，让用户全面获悉身体状况，并通过云端推送量身定制的私教计划和蛋白质补给提醒到APP，帮助用户完成智能塑形和蛋白质补给计划。

乳品行业与自行车行业跨界合作，将两个完全不同的领域以一种双赢的方式结合在一起，碰撞出许多具有文化和商业价值的“火花”。这次蒙牛与捷安特携手打造一个“营养+运动”的合作方式，为食品业与运动品牌的广泛合作提供了可以借鉴的经验。

我们可以把此次营销作为一个跨界营销的典型案例来进行学习、参考，那些需要进行跨界营销的企业，尤其是那些强弱联合的跨界营销之中的弱势一方，应该清楚什么样的企业才是自己跨界营销的合作伙伴，是自己战略联盟的商业盟友，这是必须考量的。

捆绑销售是跨界营销的一种手段

在互联网时代，传统企业的生存环境日益恶劣，企业管理者纷纷寻找走出困境的方法。于是出现了众多的新思维和新尝试。跨界营销就是其中的一个例子，而捆绑销售更是跨界营销中的一个简单方法。那么，企业为什么会进行捆绑销售呢？

捆绑销售是当今一种比较流行的营销方式，正被越来越多的企业重视和运用。通常，企业为了扩大销售份额，通过利用自身已有的营销网络，将某一主打产品和已经有良好市场份额的老产品联合出售；或者与其他企业合作，发挥双方品牌优势，借用双方营销网络，创造“1+1>2”的效果。

其实，不管捆绑在一起的是什么，从商家角度来讲，就是要最大限度地获取利润，这种利润极有可能是潜在的、要很长时期才能看得到的。而从消费者角度来讲，就是要用最低消费得到最好的产品或服务，一次消费同时满足多个消费需求，这种需求包括在购买产品或享受服务的同时，在精神方面的延伸，例如加多宝与《中国好声音》的捆绑销售。

加多宝凉茶与《中国好声音》，二者都有原汁原味、正宗的品牌内涵，这是加多宝凉茶与《中国好声音》的结合点。《加多宝中国好声音》秉承了原版*THE VOICE*的原汁原味，严格按照节目版权手册制作节目，并接受版权方派专家现场监制，与“山寨版”有本质的不同，正宗好凉茶与正宗音乐有异曲同工之妙。

其次，浙江卫视是一家媒体，线上是其强项，但线下则是加多宝的强项。而只有把双方的强项结合起来，影响才会最大限度地得以发挥。这种从上而下的执行，也促成了“正宗好凉茶，中国好声音”。《加多宝中国好声音》运用完整、立体式的推广模式，其成效是显而易见的。

从《中国好声音》栏目开播以来，加多宝便充分调动自身的渠道资源，先后在西安、武汉、广州、北京等地，与浙江卫视一起，开展了10余场推介会活动，并利用自身的资源，将宣传海报贴到了终端销售渠道。

从捆绑在一起的产品或服务看，捆绑销售，或是基于能够让消费者在产品使用中得到更优质的产品性能或便捷的服务，或是基于让消费者在付出相等的情况下有更多的实惠，或是纯粹从消费者的精神需求出发，让消费者在接受捆绑销售的同时，满足自己的某种精神需要。

不过，捆绑的方法虽然简单，但营销策略却很复杂。比如有的服装店打出一个广告——买一送一，消费者看到这个广告纷纷前去购买。但是，当知道这个“买一送一”是买一件衣服送一个气球时，消费者显然很失望，甚至很恼怒。这种捆绑营销不仅没有达到营销的目的，反而造成了负面影响。

因此，企业在进行捆绑销售时一定要把握好度，要知道捆绑营销并不是要求企业从每个细微环节以及每一个思想、动作入手进行转变，而是在保证自己产品以及自己公司大环境不变的前提下，对营销方式和思维进行变革。

捆绑营销只是进行了营销思维以及形式上的转变，对于已经成熟并且具有完善体制的传统企业来说，这虽然不能从根本上改变他们的困境，但是依旧能够起到“治标”的作用。

所以，捆绑销售对于那些亟须走出困境的企业来说，不失为一个稳妥的办法。这种办法一方面为企业提供了走出困境的途径，另一方面也为企业提供了充分思索以及选择适合自己变革策略的时间。

产品如何“绑”，跨界才能更有利呢

捆绑销售，看似只是把两个产品简单地放在一起，然后把两者的售价相加，或是以稍微低于两者总价的价格出售。其实，要成功地进行捆绑销售并非如此简单，其中会存在很多问题。如果企业不能很好地规避或处理好这些问题，捆绑营销很可能会以失败告终。那么，如何才能取得捆绑销售的成功呢？必须注意以下这些问题：

1. 产品之间要形成互补

互补是两个产品间能否实现完美捆绑营销的关键，当两个产品搭配在一起1+1>2时，才算得上是成功的“捆绑”。当然，互补可以是功能上的。例如，卖电脑搭个鼠标，卖鞋搭双袜子，这些产品在功能上近似，所以有捆绑的优势。

另一方面，互补也可以体现在市场上。例如，乔治·阿玛尼为奔驰设计了高级特别版CLK敞篷跑车，两者都是奢华品牌范畴，这就使得它们各自的品牌特色因为联盟而更加强化，而且把对方的顾客转变为自己的潜在顾客。

2. 产品之间不产生冲突

所谓冲突，主要是品牌定位、产品功能、产品市场、产品使用人群等方面的。例如，一套运动服搭配一双皮鞋，这样的搭配只会让消费者不满意——因为穿运动服的人并不太需要皮鞋。

另外，还要注意避免功能上的冲突。例如，一辆电动车与一辆自行车搭配销售就不是很明智的选择。因为买了电动车，自行车很可能就成了摆设。谁也不愿意为不需要的产品而浪费金钱。所以，不要把一个定位廉价的大众化产品与一个定位奢侈而功能相似的产品放在一起捆绑销售。

3. 产品之间的价值要相当

如果捆绑的产品不是白送的，那么最好两个产品的价值要相当。比如，买房搭配车库或者停车位，就是一种很好的捆绑销售。

不过，如果买房只送个座套，那么就会给消费者一种斤斤计较的形象：买了几百万的房子就送一个十几块钱的东西，消费者明显会感到自己受到了委屈。如果这种捆绑是以“买一送一”宣传的，更会让顾客觉得这是对他智商的一种侮辱。

4. 要清楚捆绑产品的目的

捆绑产品的目的有很多，比如增加老产品的销售量，激发潜在顾客的购买欲望，促进顾客对另一个产品的购买需求，或者让别人了解新的产品。捆绑不同的产品有不同的营销目的，这就需要制定不同的营销策略。

所以，很多时候，企业为了特定的营销目的，可以把捆绑销售中的几个产品作为免费赠送品，甚至可以出现买多件产品反而比单买其中任何一件产品还要便宜的现象，这些都需要具体问题具体考量。

5. 要回避产品之间的矛盾

任何产品都存在不足，很多产品对人体甚至有一定的害处，但是这些产品会因为特定用途以及特殊人群而必须存在。对于这些产品，在进行捆绑时，企业就要考虑一些容易引起人们反感的问题。比如，烟草产品不能与健康医疗产品搭配，不然就会自相矛盾，不但达不到销售的目的，甚至起到负面效果。

所以，如果搭配的产品使潜在消费者联想到了不利的一面，那就有可能导致产品交易失败。对于商家，无论是出于对经济利益还是商业利益的考虑，都不应该把自相矛盾的产品搭配在一起。

6. 要避免搭售行为

搭售是指经营者出售商品或者提供服务时，违背对方的意愿，强行搭售其他商品的行为。它与捆绑销售字面意思相似，二者在商业营销运作方式上也具有共通之处，但是这两者却是完全不同的。根据我国《消费者权益保护法》的相关规定，搭售是严令禁止的。

例如，开通电话通信业务，必须买该公司提供的电话机，如果不买就不给拉电话线，这就属于搭售，这种搭售行为违反了《消费者权益保护法》公平交易权的规定。捆绑销售则与搭售不同，它强调的是从消费者的角度出发，考量消费者的购买习惯，在消费者感觉不到强制交易的前提下把几件产品都卖出去。

由此可见，捆绑销售以及捆绑销售的营销策划，必须注意以人为本的基本原则。只有正确地捆绑，产品跨界才有利可图。

小米跨界营销的实现之路

提起小米，相信很多人都大有感触。只要关注小米的人，对其发展都不会陌生。小米成立于2010年4月，成立4个月后发布了MIUI软件、米聊等产品，接着又推出了小米手机，以互联网身份进军手机硬件领域。自此之后，小米手机以火箭速度上位，直到2015年才有所放缓，时至今日，小米依旧稳步发展。

小米的创始人雷军曾说："经验都是过去东西的总结，以前没有出现Facebook，谁知道Facebook能产生？所以我鼓励创业者要能够挑战权威，颠覆现有规则，这才是成功的经验。"的确，小米的发展颠覆了许多行业内的既有规则，其跨界之路难以复制。

从各种应用软件到小米手机、小米平板电脑，从小米路由器、小米电视到最近的小米手环、小米电动自行车等，这些都体现了小米的产品范围在不断地扩大。那么，为何小米公司能把自己的产品成功地扩展呢？其中最主要的原因应该是小米公司独特的品牌特征——"为发烧而生"的理念。这些产品通过小米品牌有机地形成了一个整体，在功能上形成了一种互补，而在单独出现时，又使小米品牌"为发烧而生"的理念得到了强化。

就拿小米手机来说，小米手机最开始推出时就强调手机的性价比。无论是手机的运行速度还是价格的定位，都十分适合当时年轻人对电子产品的需求。当时手机市场上要么是高价的苹果、三星等智能手机，要么是像诺基亚这样百元的蓝屏手机，呈现出严重的两极分化。而小米手机正是把握了性价比，才得以异军突起。

当然，另一个重要的原因是小米公司推出了自己的MIUI系统，并开发了一系列自己的软件。因为单独推出手机只能引领一时的硬件潮流，但系统软件的推出则能引领人们消费体验的走向。对于小米来说，小米手机的推出只是“为发烧而生”口号的一个基础，其软件产品的推出才真正诠释了小米是如何“发烧”的。

之后小米推出的一系列产品，例如智能电视、小米盒子、小米手环等更是体现了小米把潮流的理念推广到日常生活的设想。从此，小米公司引领潮流从手机电子产品向日常家用电器过渡。其实，小米的这种跨界是存在风险的，但为什么又能够取得成功呢?

就拿小米电视来说，电视是现代家庭的必备品，虽然年轻人不怎么看电视，但如果家里没有电视，会让人很难接受。因此，电视是有需求的。小米要做的就是让人看到它的独特之处，让人们找到购买它的理由，而小米电视的性能及其营销策略就具有这些特性。

可见，小米不同产品行业之间的跨界是成功的。这种跨界理念是独特的，而且也是对互联网时代的电子领域的颠覆。总的来说，小米跨界的成功有以下几个因素。

1. 跨界产品的共通性，体现品牌文化特色

小米公司的每款产品，强调的都是“发烧”“潮流”，并且与传统产品对比，也的确做到了这一点。这些产品通过小米这个品牌就能成为一个整体，成为企业文化的体现。这就是跨界营销准则中“品牌一致性”的要

求，只有具有一致性，人们才会认同不同产品，才不会让消费者产生产品认知思维的混乱。如果不能保证这点，消费者就会感到困惑，而企业的品牌以及产品定位也就会变得模糊。

2. 不同产品之间，没有销售策略上的冲突

即便是同为手机的小米手机以及红米手机，它们所面对的消费群体也是有差别的。这就符合了跨界营销的另一个准则——“两个品牌产品间不冲突”。而且，在小米的各个产品间，还能形成一种互补关系，让“潮流”和“发烧”的理念深入人们生活的每一个细节中。

3. 跨界产品始终围绕客户需求特殊定制

小米公司的各种产品都是围绕用户展开的，都考虑到了用户的各种需求并对用户需求进行了特殊定制。就如同手机和电视一样，首先做到让人们不排斥这个产品，而后又给出了让其中一部分人购买它的理由。这种让“所有人不排斥，让一部分人购买”的企业思维，为小米产品的成功跨界奠定了基础。

如今，小米公司推出更多新型产品，有更多引领潮流的企业构想。当然，在不断涉及其他行业产品时，小米公司也可能因为处理不好而导致决策错误。但总的来说，无论小米公司接下来发展如何，其产品的有机整合、产品之间的跨界营销，都值得我们仔细思索、认真学习。

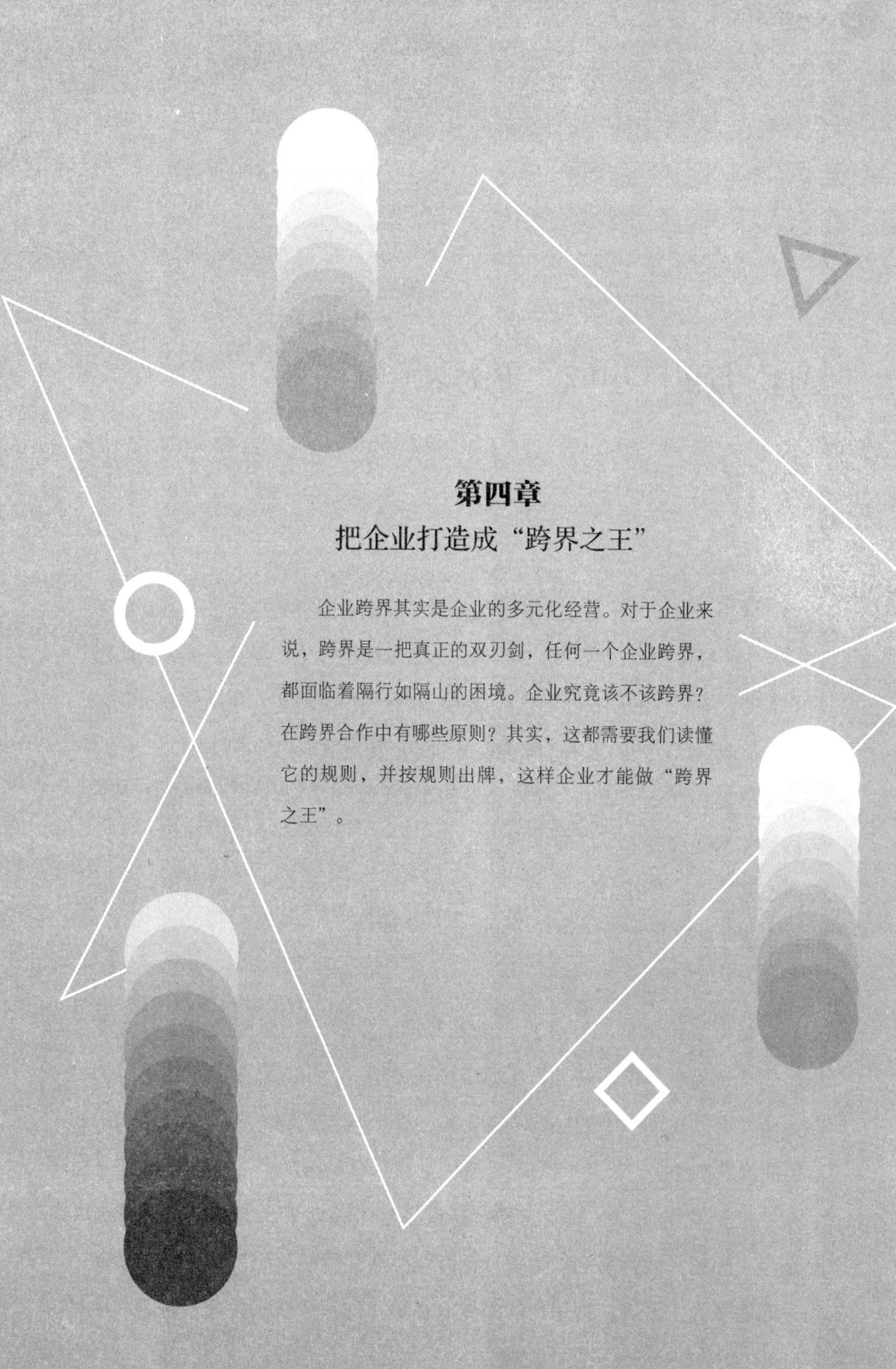

第四章
把企业打造成“跨界之王”

企业跨界其实是企业的多元化经营。对于企业来说，跨界是一把真正的双刃剑，任何一个企业跨界，都面临着隔行如隔山的困境。企业究竟该不该跨界？在跨界合作中有哪些原则？其实，这都需要我们读懂它的规则，并按规则出牌，这样企业才能做“跨界之王”。

坚持“以用户为中心”的跨界原则

“以用户为中心”是指企业的生产经营活动，要把满足用户的需要放在首位。生产经营什么，生产经营多少，什么时候进行生产经营，都应围绕用户的需要，随用户的需要而转移。企业只有想用户之所想，急用户之所急，千方百计地满足用户的需求，才能在激烈的市场竞争中立于不败之地。

尤其是在现代市场中，企业经营的重心已经由产品和企业的品牌逐渐转移到了消费者身上。换句话说，企业过去关注的是内在的产品和品牌，而现在则更关心外在的消费者。因为只有关注用户的需求，提供用户之所需，企业才能真正实现盈利，并获得更大的红利。

那么，为什么企业一定要“以用户为中心”呢？

一是市场经济的客观要求。随着经济的发展，社会商品供应日益充裕，用户选择余地不断增大，买方市场开始形成，市场竞争趋于激烈。因此，企业必须主动从旧的经营观念中跳出来，自觉地树立起“以用户为中心”的经营观念。

二是企业生存和发展的需要。在市场经济条件下，企业生产经营商品是为了出售并获得利润。为了保证企业生产经营的不断发展，就必须以用户的需要为出发点，把用户的需要放在第一位，在商品数量、质量、品种、规格、包装、价格、售后服务等方面都充分满足用户的需要，使用户感到满意。

可见，企业坚持“以用户为中心”的理念是大势所趋。尤其是在互联网发达的今天，以用户为中心是跨界企业必须坚持的理念。比如，作为电商界的标杆企业，京东依靠自身在家电、配送、物流等各方面的优势吸引了越来越多的用户。随着互联网众筹的发展，京东又推出了一系列众筹计划，以方便用户消费。

2014年7月，京东推出了众筹板块，主要是为用户提供智能硬件众筹服务。2015年3月，京东众筹联合上海吉盛伟邦国际家具村以及红星美凯龙等举行了首次中国家居流通众筹新闻发布会，实现了与家居行业的跨界合作，这也是京东众筹有品位、敢于创新的体现（如图4-1）。

图4-1 京东与红星美凯龙众筹

京东众筹与家居企业跨界联手的目的，是希望能够为广大用户提供高品质的健康生活。通过举行发布会，以众筹的模式让消费者与家居品牌商进行直线互动，使得品牌商可以更深入地了解客户的需求，为客户提供更切合心意的产品。

京东众筹以“关注用户生活品质，致力于丰富用户的消费体验，满足用户的消费需求”为理念，使其在正式上线以来受到大量用户的支持和喜爱。所以，在跨界经营过程中，企业一定要遵守“以用户为中心”的原则。不过，企业必须结合自身的优势，才能为用户提供更好的产品或服务，比如顺丰结合自身优势推出的顺丰优选。

顺丰作为国内快递行业的领头羊，以送达速度快而著称。一般情况下，使用顺丰快递48小时内就能将货物送到用户手中。2012年，顺丰结合自己的这种速度优势，进军电商行业，推出了顺丰优选，为用户提供各种生鲜、美食、酒类等生活实用产品的销售和快递服务。

顺丰优选的这一举措，使得用户在网上购物时担忧物流速度的问题得到了解决。在顺丰优选，用户订购的产品通常能在24小时之内送达。尤其是生鲜产品，当天上午预订，下午就送达，满足了用户对于快的需求。

从上面两个例子可以得知，跨界合作和营销必须建立在满足用户多样化需求的基础上。而要达到满足用户多样化的需求，企业就必须全方位地思考和了解消费者的需求，只有深入了解用户的需求，企业才能为用户提供满意的产品和服务，实现跨界的成功。

跨界要及时触网，适时转变

如今，互联网产业正与其他产业加速融合，边界日渐模糊。传统企业积极向互联网企业迈进，传统商贸企业、大型渠道商、快速消费品企业等纷纷向互联网企业转型，推动了网络零售业的快速发展。从2013年开始，很多传统企业纷纷涉足互联网领域，兴起了一股“全民触网”的风潮，以期借助互联网实现自己的跨界之梦。

1. 实体企业搭载互联网进行触网

伴随着移动互联网和大数据等技术应用创新的发展，互联网正以开放、融合的态势渗透到各个领域，更深层次地影响经济社会的发展。近年来，传统行业不断跨界“触网”，如美特斯邦威与网易的跨界触网合作实现了首创的跨平台、跨行业的合作模式。

2014年9月，美特斯邦威与网易创意出品了“音乐内裤”，引发了年轻群体的追捧，也引来了众多媒体的关注。优势资源线上、线下充分整合，易信、网易云音乐和网易公开课等多款重量级产品全力加盟，互联网和传

统行业开启新的合作模式。(如图4-2所示)

此次合作以线下美特斯邦威旗舰店为基站，同步美特斯邦威线上O2O布局，结合网易线上优势资源，达到线上互动、线下联动，最终实现“店网互动”。美特斯邦威“不走寻常路”的品牌理念与网易“有态度”的价值主张深度契合，使得合作双方影响力扩大，实体与虚拟产品深度整合形成无缝隙对接互动平台。

图4-2　美特斯邦威·网易“音乐内裤”

在这次合作中，美特斯邦威与网易云音乐创意推出每款限量1000条的“音乐内裤”，可在线上购买；旗舰店铺亦可购买并体验趣味活动——男友们可线上答题帮女友赢取购物折扣券。美特斯邦威消费群体年龄段与网易多款产品用户年龄层均集中在18~30岁，这种高度吻合的群体也促成了此次跨界合作。

实体品牌探索互联网化体验，互联网企业寻求落地实践。传统企业美特斯邦威通过不断跨界“触网”向互联网转型，以期继续引领年轻潮流；具有丰富互联网运营经验的网易积极探索跨平台、跨行业的新型合作模式，紧跟互联网发展的潮流。

2. 搭载知名电商进军网络销售

跨界是很多企业都想尝试的道路，因为他们看到了许多先行者通过跨界取得了不错的成果。但这些企业因为缺乏经验而不敢迈出跨界的第一步。面对这种情况，企业该怎么办呢？如果不想冒风险，那么与知名电商进行合作是一个不错的选择。

我们知道，有名气的电商有其品牌效应，备受广大网友的喜爱和欢迎，消费者在购物时也比较信任知名电商。因此，传统企业或者想跨界的企业不妨搭载电商的顺风车，借助电商的优势让自己快速驶入互联网营销的轨道。如昂科拉借助唯品会的跨界之举，取得了不错的效果。

昂科拉是别克推出的一款越野汽车，很受年轻人喜爱。如果按照汽车营销的传统思路，别克应该将其放到4S店推广或者通过发布汽车广告等方式进行销售。然而，别克却别出心裁，选择了与唯品会这个知名电商网站合作，在网站中特价销售。

在与唯品会的这次跨界合作中，别克还推出了唯品会特卖大礼包。当时昂科拉的市场指导价为178 900元，而在唯品会中的价格仅为149 900元。此外，购车用户还可享受4S店的优惠政策和众多豪礼，如iPhone 6手机、百万摇奖等。

昂科拉的这种网络宣传吸引了大量年轻人的关注，让消费者尝试用一种新颖的方式购车，同时还能享受特价，可谓一举两得。由于唯品会网站受众的年轻化，使得昂科拉这款汽车在唯品会得到了高度的宣传，促进了其销量的增长。

不过，需要注意的是，企业想要跨界并不是简单地与知名电商合作就能成功，还需要思考更多的细节，比如跨界之后的经营模式、企业构思、获利方式等。所以，跨界之前一定要做好全面的规划，才能在跨界之后得到更好的发展。

产品设计以用户体验为重点

设计是针对人们的真实需求进行的一种创造性活动。在产品开发过程中，强调产品的易用性、可读性，协调各种限制因素，能够满足用户在使用过程中的心理、生理要求，从而有助于提高产品的体验效果，提升用户对企业文化的认同。尤其是在产品同质化现象日益严重的今天，以用户为中心的设计是实现产品差异化的方法之一。

以用户为中心，首先就是找准需求，然后通过设计将用户需求转化为极致的用户体验，打造令人尖叫的产品，颠覆用户以往的体验，这样才能赢得市场。

如何实现“用户体验的颠覆”呢？360董事长周鸿祎的经验是：把一个复杂的运用过程变简单，将需要学习的过程变成“举手之劳”，将一种人人都使用的东西的体验变得极致无比、独此一家。也就是设计上的独一无二，比如黄太吉带给客户的体验就达到了极致。

黄太吉创立于2012年11月，是知名快餐品牌。它做得如此成功，是因为把移动互联网和传统餐饮行业结合到了一起。黄太吉在其官方微博上制造了热门话题，如煎饼店开进CBD、老板开奔驰送煎饼、美女老板娘送餐等，引发无数美食家的围观。通过移动社交媒体平台的“口碑传播”，黄太吉迅速提升了品牌知名度。

黄太吉还充分利用了微信公众号“黄太吉传统美食”提供订餐、送餐服务，专门成立了一个独立外卖品牌“来得吉”。用户只需要点击“黄太吉传统美食”左下方的“来得吉订”功能按键，然后在地址栏界面输入配送范围内的街道门牌信息，就可以进入菜单界面，订餐下单，极大地方便了客户的需求。

另外，黄太吉非常重视与顾客之间的互动交流。其在微信公众平台上提供人工回复服务，点对点地解决用户遇到的实际问题，让用户感受到企业的关怀和责任感。用户只要在工作时间遇到问题，都可以直接向“黄太吉传统美食”发微信消息咨询。这种“一对一专属”的沟通氛围使客户对品牌的好感度得到很大的提高，很多客户都可能成为黄太吉的忠实粉丝。

黄太吉微信公众号的贴心服务不仅能够给顾客带来美好的购物感受，而且还可以为自身带来口碑效应。顾客可以通过朋友圈快速地把自己的用餐体验分享出去，让周围的朋友熟知这家店优良的产品和用心的服务，以为店铺带来更多的潜在客户。

可见，在企业跨界中，无论是企业的服务，还是产品研发，都必须做到以用户体验为中心，才能真正赢得用户的喜爱。那么，产品设计如何做到从用户体验出发呢？以下几点值得我们学习。

1. 产品要可视化

随着社会的进步，在产品日益智能化的今天，产品的形态已经脱离了功能的约束，在产品设计过程中，设计者可以通过产品的语义、符号让使用者读懂产品的设计语言，让用户在使用产品的过程中更加容易操作，并且通过给出操作的反馈让用户知晓操作的结果。在产品上配备合理的显示装置，给用户提供相应步骤的操作提示，也能大大提高产品的使用价值。

2. 产品设计的易用性

企业在开发新产品时需要从用户的角度出发，考虑用户的心理、生理、行为、情感特点，深入了解用户对产品的理解方式，通过简化操作步骤、建立合理的匹配关系、运用限制性设计、适当运用标准化等措施确保产品易学易用。企业在开发新产品时还应善于做减法，一定不要以为给用户提供的东西越多，用户就会越喜欢。恰恰相反，用户更加喜欢那些虽然简洁，却能够满足自己核心需求的东西。

3. 节约用户的时间

无论是产品，还是开发出的程序，一定不能浪费用户的时间。比如，提升程序的打开速度，减少用户满屏寻找程序的次数，不要强行内置用户十分反感的“僵尸程序”；在不确定用户的需要时要进行调研，而不是想当然地假设“我认为客户应该很需要什么”之类的，这样不仅会引起客户的反感，还会导致企业花费大量的人力、物力和财力，却白白地做无用功。

4. 注重用户的反馈

让用户参与产品设计的全过程，并做出反馈。这有利于企业及时发现设计过程中的问题，把握用户需求的微妙变化，推动产品在设计早期阶段的不断改良，降低公司在产品设计上的风险与成本。针对产品设计的不同阶段，企业还应该适时地制订合理的评估计划，收集用户的反馈意见。

因此，企业设计或者研究跨界产品时，无论拥有多么高深的专业知识和强大的技术，都应该始终站在用户的角度来考虑，围绕“以用户为中心”打造极致的产品，这才是跨界企业应有的姿态。

跨界要有足够的覆盖人群

企业在跨界的过程中能否成功，一个很大的因素是有没有足够的覆盖人群。跨界的目的是把不同平台上的消费者吸引过来，所以，只有所跨平台拥有足够多的覆盖人群，才可以吸引更多的消费者购买产品，这是企业跨界产生红利的来源和保障。

1. 跨界合作的用户基数一定要多

跨界合作的最终目的是获取红利，而红利的来源主要取决于受众的多少。因此，企业在进行跨界时，应该注意合作对象的用户基数是否足够大。当然，需要多大的用户基数，这取决于企业的预期目标以及自身产品的目标消费者数量。例如，百度联合伊利进行的“度秘看伊利”的VR体验线上活动，就吸引了超过6000万人参与。

2016年11月，百度联合伊利发起了一场名为“度秘看伊利”的VR体验线上活动，这场活动吸引了超过6000万人广泛参与。“度秘”作为百度旗下的人工智能机器人助理，将其应用于营销领域，为何能取得成功呢？

本次百度联合伊利发起的“度秘看伊利”体验活动成功的重要原因，一方面，百度在AI等技术领域的深厚积淀，人工智能技术与VR等技术的结合，将营销推向了一个全新的境界；另一方面，百度和伊利的受众人群众多。

在“度秘看伊利”体验活动中，人工智能助理“度秘”会不断引导用户，如“想知道奶牛们每天吃什么？一起去看看”“看来你对研发中心了如指掌，那就去下一个目的地吧！”。人性化的提醒实质是给用户设定了明确的目标，用户知道只要自己每进行一次交互，就能进入一个全新的场景，获得新的信息，而且用户完成一些简单的任务就能获得即时的激励。

其实，与伊利的合作，并非“度秘”将人工智能跨界营销带入生活服务领域的首次动作。早在2016年4月，“度秘”就曾在与肯德基的合作中，化身肯德基首位“人工智能服务员”，通过语音交互和语义学习，“度秘”可以流畅处理消费者的点餐需求。8月，“度秘”上线了篮球实况解说功能，其不仅能运用文字进行直播解说，还能与球迷进行互动问答。人工智能对大数据的处理与调用能力，让“度秘”成了一位资深篮球专家。

“度秘看伊利”体验活动不仅又一次证明人工智能跨界营销进入生活服务领域的成功，而且提高了双方的覆盖人群基数。作为新兴的事物，百度人工智能“度秘”本身关注的人群就很多，又与广大的伊利受众结合在一起，大大地提升了营销的效率。

2. 跨界合作要打造使用率高的产品

企业想要跨界成功，除了要有足够大的覆盖人群，还要选择好跨界的产品或者服务。为了确保覆盖人群高，企业可以选择与其他企业联合打造用户日常使用率较高的产品或者服务。用户日常使用得多，就说明该产品市场需求量大，受众也多。

芬迪是意大利著名的时尚奢侈品牌，其产品涉及皮革、服装、珠宝等方面，品质优良、做工精美，但是昂贵的价格让普通大众望而却步。为了获取更多的受众人群，芬迪与某婴幼儿品牌合作，跨界推出了一系列婴幼儿用品。包括童车，有篷婴儿车和婴儿背袋，并在某些芬迪旗舰店以及一些销售芬迪儿童系列产品的多品牌店上架销售。

芬迪凭借自己的优势，用充满艺术、时尚的线条和审美去设计婴儿用品，给时尚妈妈们带去了高贵的气息以及更多的选择，促进了芬迪婴儿用品的销售。

从芬迪的跨界中，我们可以看出，芬迪奢侈品只有极少数人才能够消费。但其品牌的影响力，使其拥有大量的受众，借此开发婴儿用品这一需求量大的日常用品，将覆盖人群进行扩大。可见，跨界打造用户日常使用率高的产品或服务能获得基数更大的消费群体，这也是企业实现跨界的有效手段。

消费群体的共性是跨界成功的基础

中国是一个拥有庞大消费群体的社会，面对十几亿的消费者，同样的商品和服务已不能放之四海而皆准。随着经济的长期高速发展、数字技术的普及和社会价值观的演变，消费者变得越来越难以琢磨。

当下，数字化的生活方式正在塑造一个崭新的消费时代。消费者的消费行为更加复杂，其对新技术的利用和数字生活方式有着更高的期待、更多的权利和选择。在数字消费时代，深刻洞察消费者的共性是每个企业生存和发展面对的巨大挑战。

每一个产品都有一定的消费群体，而这个群体的共性越大，它的市场前景便越广阔。企业在进行跨界时，要考虑其消费群体的共性。比如电子词典是将传统的书变成电子产品，从而继承了书的学习特性，又注入了高科技属性，使书易带、易用、容量大。

所以，企业在进行跨界时，应该仔细想一想该产品的消费者共性，以及如何扩大这种共性。根据这一共性的特征来制定质量标准、功能、使用方法与销售策略，将会取得事半功倍的效果。

例如，随着经济的进一步发展，人们生活水平的不断提高，户外运动得到了空前的发展。长期在城市生活的人们，越来越多地将目光投向了新鲜刺激的户外运动，开始越来越多地涉足登山、攀岩、徒步穿越等专业性较强的体育活动，同步催生了户外用品市场。

户外用品行业是一个新兴行业，发展势头迅猛。如今，户外用品品牌的数量已接近1000个，行业竞争十分激烈。在这种形势下，很多品牌出现了产品过剩的情况，再加上人员成本、租金、折扣力度等因素的影响，整体业绩增速缓慢。

面对复杂的市场，户外品牌探路者没有放弃，其一直通过寻找新的经营模式来应对挑战。跨界就是探路者新探索的一条道路，其先后投资了在线旅游品牌Asiatravel、国内户外活动平台绿野网和极地旅游机构极之美。

因为探路者深知，这些在线旅游公司和户外旅游机构都与自己的品牌有共同的消费群体，即那些热爱登山、骑行、自驾游、攀岩等户外活动的人。目标消费群体有了共性，跨界自然就能取得效果。

探路者将户外旅游资源做成户外综合服务平台，为户外运动爱好者提供户外旅行信息获取和分享、户外旅游的规划和攻略、行程服务、户外技能培训、社区交流等一站式综合服务。

探路者还在网站中不断地与户外运动爱好者进行互动，从而提升了消费者对企业的黏度，充分实现了户外旅行服务和户外产品的协调供应，给自身带来了更广阔的市场发展空间和更大的红利。

由此可见，想要跨界成功，必须抓住消费者的共性，搞明白消费者的共同需求到底是什么。如果把握不住消费者的需求，只是为了跨界而跨界，很难实现名利双收。开展跨界经营，双方企业的产品或服务必须一致或者消费人群有一定的共性。当两者有了共同的消费群体时，也就有了共同的诉求，成功就会顺理成章。

利益共享，才能跨界共赢

在当今发达的互联网经济下，企业间的跨界合作出现了越来越多的模式。比如卖牛奶的和做视频的合作，卖汽车的和做网游的合作，做房地产的和做电商的合作等。随着互联网的发展，流量对企业越来越重要，不同行业间的跨界也越来越普遍。

那么，企业如何才能实现跨界共赢呢？首先要利益共享。企业合作的目的是实现共赢，在跨界经营的过程中，企业应该注重双方的互补性和各取所需，这样才能更顺利、更成功地实现共赢。

另外，有些企业往往深陷迷局，以为只要与其他企业或者产品跨界合作就能获得更多的红利，其实并非如此。在互联网影响下，企业的种类、消费者的需求复杂多变，如果不加以思索就去跨界，那么很可能会适得其反。

因此，在跨界活动中，企业除了要实现利益关系外，还必须找到与对方的共同点，这样才有可能将彼此的关联体现出来，并且发挥出最大的优势，实现双赢。

居然之家是一个大型的家居企业，以舒适、大气、时尚、高端的风格受到人们的青睐，为顾客提供设计、材料、家具、家居用品及饰品等“一站式”服务。2016年9月，居然之家“设计家”平台上线，其以线下实体店和品牌为依托，将线上线下家装服务融为一体，实现从设计到选材、施工、物流配送的一站式服务，并运用3D云系统、全品类材料采购系统、自营家装及高效物流系统等方式，解决行业痛点。

作为一家传统的线下企业，居然之家除了建立“设计家”平台外，为了更好地迎合互联网的发展趋势，还走上了跨界的道路。

2016年12月，居然之家与佛山（国际）家居博览城签署战略合作协议（如图4-3所示）。居然之家将对佛山家博城进行改造和升级，在定位上将侧重批发与零售相结合的经营模式，在原有家装设计、家具、建材、家居饰品等业态的基础上，向家庭消费转型升级，引入电影院线、餐饮美食、儿童培训、体育健身、顶层设计中心等多种综合业态。

图4-3　居然之家与佛山家博城合作协议签署

居然之家的这次跨界合作，让自己的设计在博览城亮相，不仅得到了消费者的认可，也让更多人了解了居然之家的设计。佛山家博城因此得到改造和升级，双方都实现了共赢。

未来，居然之家还要全力打造居然“设计家”平台，实现向“互联网+”的转型升级；同时，提升行业运营效率，建设第三方物流服务平台，并向“家庭大消费生态圈”迈进，促进商业模式的转型升级。在可预见的未来，居然之家必将会有更多的跨界活动。

把握移动终端，实现强势跨界

随着移动互联网的迅速发展，手机从具备简单语音功能到多媒体功能，再到现在的多任务和多应用，移动终端正在不断发生着变化，对终端也提出了更高的要求。尤其在商业上的运用，越来越多的企业倾向于利用手机这个移动终端作为用户的接入口。

小米创始人雷军说过一句十分经典的话："台风来临的时候，猪都会飞。"意思是说，机遇来了，谁都可以有所作为。这句话强调的是"台风"，即机遇、机会，包括形势、思潮或者风气等，统称为"时"或者"势"，即"时势"。

那么，跨界的"势"是什么呢？是移动互联网发展带来的万物互联时代，在这个形势下，移动终端成为商家必争之地。可以说，目前的移动终端布局之争已经蔓延到了整个互联网行业。

在移动互联网刚兴起时，雷军认为这是一个千载难逢的好机会。因为移动互联网的发展，自然少不了移动终端的接入。在PC时代，QQ强势地占领了社交终端，阿里巴巴抢占了购物的终端。微信崛起之后，雷军意识到与其与这些有着庞大用户基数的产品抢占终端，不如将手机直接打造成一个大号的QQ或微信，这样就可以一举攻占天下。

因此，雷军在做小米之前，对几乎所有手机的优势和劣势进行了分析。通过对这些手机优势与劣势的分析，雷军认定大屏幕的智能手机将会受到欢迎。于是，他在2010年成立了小米科技公司，并在2011年推出了小米手机，成为移动互联网终端之战中的一匹黑马。

小米手机的成功，让众多手机业的巨头感受到了来自跨界的不对称竞争带来的威胁。小米正是因为善用移动互联网的“势”，才成就了其跨界的成功。同样也是跨界，阿里巴巴不仅与魅族联姻制造手机，而且还注重消费场景的设计和布局。

过去，阿里巴巴的梦想之一是实现本地化生活服务，在阿里巴巴成立之初，马云和众多高层便曾畅想“实现商家线上与线下的打通，让用户通过客户端随时随地购买”的场景。

想要实现这一目标，就必须有精准而有效的地图。然而，阿里巴巴自身研发的“地图搜”在推出后，始终不能形成影响力，这不得不使阿里巴巴另谋出路。

于是，阿里巴巴以2.94亿美元入股高德地图，收购其28%的股份，成为高德地图最大的股东。投资高德地图，一个很重要的目的是对O2O领域的布局。

地图服务是整个O2O商业链的重要入口，酒店、航空、票务、旅游、买房等服务皆可与地图服务结合起来。而在此之前，中国互联网三大领军企业百度、阿里巴巴、腾讯，只有阿里巴巴缺乏优质的地图资源，入股高德地图，无疑使阿里巴巴弥补了这一缺陷。

通过这一跨界合作，阿里巴巴的淘点点、淘宝等本地生活服务平台与高德地图和导航应用迅速整合，并在地图搜索、数据共享、产品商业化、云计算等领域相继展开合作，这些业务的开展，使得阿里巴巴O2O布局得以实现。

当下，随着互联网移动终端的发展，电子地图作为移动端入口的作用正在不断被强化。在不久的将来，手机地图会成为人们衣、食、住、行等一系列生活服务的重要入口之一。由其衍生出的众多相应的移动应用，则必将成为基于用户位置与线下商户之间密切关联的各种O2O应用平台。

总之，移动互联网是目前的大势所趋，万物互联必将成为移动互联网实现的目标。不过，实现万物互联的控制终端最终是移动终端，这是企业跨界的一个风口。企业能否搭上移动终端实现自我布局，主动进行跨界，是企业能否抓住机遇的关键。

第五章 创意营销，跨领域整合力的体现

跨界本身就是一种创意，如今，跨界创意已经普遍地存在于众多企业与行业中。创意不仅能有效地提升企业自身的竞争力，还可以帮助企业打造并维持可持续而又高效的价值创造能力。那么，在跨界营销中，有哪些创意形式？能起到怎样的效果？这些问题，都可以在本章内容中找到答案。

找准痛点是创意营销的关键

近几年来，“痛点”一词频频被引申到营销领域，通常被引申为关键点或亟待解决的关键问题。随着市场营销理论的发展，“痛点”已成为一个非常热门的营销术语，是营销过程中必然存在的关键点。把握用户的痛点，是企业生产的动力，然而痛点往往因隐藏得很深而难以被发现，或因分布很广而难以集中。

对于企业来说，赢利是企业的根本目的，而消除痛点是企业获得发展的方向。如果不能有效地发掘痛点、跟进痛点、消除痛点，企业发展将难以为继。相反，企业只有不断地发掘痛点需求，解决痛点问题，才能找到新的商机。

“滴滴打车”从2014年底到2015年初，在短短的几个月时间里成了人人皆知的“打车神器”。为什么滴滴打车的跨界创新能够如此成功呢？在滴滴打车还没有出现之前，人们往往很难拦到一辆出租车，甚至还会遇到出租车拒载的情况，给人们的出行造成了很大的不便。

针对这种情况，出租车公司费尽脑筋，采取的措施却无法从根本上解决问题。因为有的路段比较偏僻，难打车却又无可奈何；至于拒载，很多是因为出租车司机到了交班点，必须把车开到与下一个司机约定的接班位置，或者是因为出租车公司要开例会，这些都使得司机在路上碰到与自己不同路的乘客以后，只能拒载。

这种乘客需求与出租车司机为难之间的痛点，就是企业的商机，“滴滴打车”就在这种情况下出现了。人们在出行时，可以通过“滴滴打车”预先叫车，再也不用担心打不到车或者被拒载了，而且一般几分钟之内，预约车辆就能到达指定位置，非常方便和及时。

通过“滴滴打车”的案例，我们可以看出，要真正实现跨界，真正实现创新，就必须对人们的日常生活有足够的了解，知道人们的痛点在哪里，知道人们的生活存在哪些不便，了解人们日常究竟有什么麻烦，并通过跨界以及创新去寻找解决这些不便和麻烦的方法。

以前，人们出门几乎都要带钱包，因为乘车、吃饭、逛商场都需要用到钱，甚至有时候因为没有零钱或是钱不够而造成极大的麻烦。

随着移动互联网的发展，扫码支付的出现使出门带钱包的痛点逐渐得到了解决。现在出门只要带个手机，很多事情就可以解决了。无论是购物还是吃饭，你只要打开手机扫下二维码或者条形码，就能轻松完成支付。

扫码支付的出现，让人们完全摆脱了一堆纸币带来的苦恼，以及身上没有带钱的尴尬。现在出门在外只要一个手机，就能满足日常的任何消费需求，从吃饭、打车到商店购物，甚至停车付费，都可以通过扫码进行。

扫码支付，对于消费者来说，免去了携带零钱的问题；对于商家来说，免去了找零的麻烦，并且商家在使用扫码支付的结算系统后，很容易就能从手机或者电脑上看到店里的日常收支明细。扫码支付这种网上金融跨界为消费者和企业都提供了极大的便利。

由此可见，找到人们的痛点，是企业跨界创新的开始。痛点的解决，是企业在跨界创新中的方向，企业只有找到痛点并努力地解决痛点，不断地朝这个目标前进，才能获得成功，并在跨界中实现赢利。

企业找到了痛点，也就明确了客户需求和细分市场的定位。通过解决这个痛点，让精确定位的客户群体对自己的企业以及产品产生认同，这为企业开发新产品，让这些客户群体认识并接受自己的新产品消除了障碍。所以，企业要稳步发展，就必须找到痛点，找准痛点，解决痛点，这是企业跨界创新的关键所在。

创意制造红利，企业经营要善变

比尔·盖茨说："创意具有裂变效应，一盎司创意能够带来不计其数的商业利益、商业奇迹。"的确，企业在经营过程中，不能一味地模仿其他企业的做法，而应发挥自己的创意，也就是说，企业借助创意营销才能获得更多的红利。

创意营销是企业营销的一个重要组成部分，对于竞争激烈的行业十分重要。其有着明确的行为目的，更具有明确的产品卖点创意。当然，创意营销不仅包括产品策略的创意，还包括品牌创意、广告宣传创意、企业形象创意等。

在当下的商业社会中，有些看似不沾边的企业、产品之所以能跨界进行合作，并受到消费者的欢迎，就是因为其经营方式上的创新。比如，时尚界的香奈儿在日本跨界做餐饮，就是创意跨界的体现。

香奈儿作为奢侈品牌，很难让大部分消费者真正体会其品牌的内涵，因为人们消费不起。通过跨界，香奈儿在东京银座开启了首家旗舰店餐厅。随着餐厅的入驻，东京银座已成为香奈儿粉丝们的朝圣地之一，而位于Chanel大楼10层的香奈儿餐厅，也是其全球唯一一家餐厅。

做餐饮，香奈儿也将自己的时尚融入进来，这不仅体现在餐厅的每一个细节都在完整地呈现着香奈儿的时尚哲学，而且还有法国国宝级大厨阿兰·杜卡斯的“米其林二星”加持，更让餐厅格调直升而上。

餐厅以Coco Chanel本人最爱的颜色——米色来命名，并且以米色作为餐厅装修的主色调，没有繁复的水晶吊灯，只有薄薄一层地毯，沙发、靠垫和桌布等都采用了香奈儿最经典的粗花呢布置，而菜单及座位隔板都经过特殊的处理，打造出粗花呢的质感和纹理，为顾客营造出一种统一的整体感。餐厅整体素净、雅致，非常舒适。

其实，香奈儿做餐饮与LV、GUCCI进入餐饮行业的逻辑类似，香奈儿希望通过这样的方式拓宽自己经营用户的渠道，将自己的高格调体现出来，让消费者不仅从视觉上体验香奈儿的魅力，还能从味蕾上全方位地感受香奈儿。

时尚品牌香奈儿以创新的思路颠覆了我们对跨界的认识。这次跨界活动不仅让消费者得到了味蕾上的极致体验，还让更多人了解了香奈儿这个品牌，使其产品销量增加。

当然，香奈儿的成功，让我们看到了创意跨界带来的红利。另一方面，企业想要让跨界更有创意，不仅要发动思维，还要留意日常生活，比如工作中的一些琐碎事等。有时一件不起眼的小事，就能让企业将跨界做出新意。比如索尼音乐跨界做手机游戏。

索尼音乐是世界一流的音乐制作公司，创作出了大量的金曲。随着智能手机的发展和移动互联网的普及，索尼音乐发现越来越多的人喜欢玩手机游戏。于是，索尼音乐萌生了跨界做手机游戏的想法。

于是，索尼结合自身特长，制作出了名为《摇滚山羊》的一款手机游戏。这是一款以摇滚风为主的手机游戏。玩家操控的角色是一只热爱摇滚的山羊，它受到一只公鸡的影响，决定做一名摇滚歌手。游戏方式不是唱歌，而是跑酷。跑酷的背景是节奏感十足的摇滚歌曲。

这样一来，用户可以一边听着好听的摇滚乐，一边享受畅快的跑酷，这对用户来说是一种非常“嗨”的体验，尤其受年轻用户欢迎。游戏推出后，下载量日益增长，其创意被很多游戏开发企业效仿。

从索尼音乐跨界做游戏可以看出，索尼看准互联网，从人们爱玩游戏的生活小事中看出跨界做游戏的增长点，这体现了创意来自于生活，源于发现。因此，企业从身边的事情入手，结合自己的优势和当下的热点，就一定能够打造出创意十足的跨界活动。

未来，随着创意经济时代的来临，创意会越来越普遍。尤其是在企业的市场营销活动中，创意的贡献率在不断增加，促使企业市场营销从传统营销阶段演化到创意营销时代。作为一种崭新的营销理念，创意营销具有显著的特征、思维方式和形成路径。企业只有树立创意意识，不断提高企业的创意营销能力和水平，才能更好地应对激烈的市场挑战。

跨界微创意，小点子的新营销

在市场竞争日益激烈的环境下，企业的生存压力越来越大，企业经营如果依旧固守传统市场，被边缘化是迟早的事。即便是大品牌，也难以招架互联网带来的冲击。可以说，企业在“市场大同”的格局下保持自身的竞争力，是未来营销取得胜利的关键。

面对激烈的竞争，不同行业、不同企业的达人纷纷进行跨界的营销创意，希望借此最大限度地吸引媒体的报道和公众的眼球，从而加速推动企业产品的销售和品牌传播，通过跨界微创意来达到出其不意的效果。例如，乐事薯片进行的跨界微创意，就收到了很好的效果。

乐事薯片为了增强竞争力，曾推出了一款薯片新品——“谁是你的菜”。从这五个字可以看出，乐事运用这种“亲民语言”，让人感到亲切，轻易地把品牌推送到了受众的心里。

为了更好地宣传乐事薯片，乐事还邀请著名影星黄渤、张国立、罗志祥以“谁是你的菜”为主题拍了一部微电影。电影一改商业化的传播习惯，把故事融入创意营销，通过讲述父皇为自己的女儿“比菜招婿”的爆笑故事，来吸引大众的味蕾，把产品的口味巧妙地嵌入到精心构造的故事情节之中。

与平面广告不同的是，平面广告只是围绕产品以及品牌策略而做的商业演绎，受众只是被动地接收，虽然有助于提升产品的知名度，但对美誉度的提高效果有限；而微电影这种跨界式故事营销改变了形式，商家站在受众一方的立场上，这是一种富有情感的互动式营销。这也是乐事薯片跨界成功的原因之一。

乐事薯片通过拍摄微电影进行跨界微营销，获得了时下年轻人的青睐，而微电影的高收视率也带来了产品销量的增加。很多消费者因看了微电影《谁是你的菜》，都想亲自体验一把，于是专门去超市购买这种薯片，新顾客群就这样产生了。

美国著名管理学家彼得·德鲁克有一句经典的名言："企业的唯一目的就是创造顾客。"乐事通过微创意吸引了新顾客，其跨界营销无疑是成功的。因此，很多企业纷纷效仿，想通过营销创意"撬开"目标消费者的心扉。尤其是在广告推广上，这些企业为突出创意而花样迭出，然而成功的少之又少。

那么，怎样才能调动消费者的欲望让其自愿消费呢？其实创意只是一方面，如何让自己想讲的，又是顾客想听的才是重点。而通过跨界微创意，可以很好地在受众们想听的话题里"讲自己该讲的"。

跨界微创意可以充分结合目标消费群体的喜好，及时嫁接消费群体语境中的火爆元素，然后将产品或者品牌信息打入消费者的内心。通过把消费者想听的与自己想讲的结合起来，提升知名度的同时也提高了顾客对品牌的忠诚度。

如今，不少有远见的企业都在尝试微创意营销的跨界活动，它们必将成为营销战中的赢家。回归到理性状态的成熟市场需要的是一场真正的营销革命，在更加透明的消费世界中，谁能俘获顾客的心，就意味着其将在未来的营销中脱颖而出。“微跨界”就是变被动为主动的有效方式。只有真正走进顾客心里的产品，顾客才会心甘情愿地消费。

疯狂人字拖，小玩物大创意

如果你问哪一个传统产业最有机会被改造，你一定不会想到“人字拖”这个技术含量不高、单价低廉、无差异性甚至被人人“踩在脚底下”的产业。但远在地球另一端的巴西，被喻为“世界上最棒的天然橡胶凉鞋”的人字拖品牌Havaianas（如图5-1所示），却成功地成了全世界的时尚品牌。好莱坞明星穿它，名模走T台也穿它，年销售量超过2亿双，营销覆盖多达86个国家。

图5-1 Havaianas人字拖

其实，在全球制鞋国家中，中国排名首位，巴西排名第三。同是鞋业大国，为什么巴西能够将一双人字拖做成享誉全球的产品呢？这主要得益于Havaianas创意的跨界。

早在1907年，巴西诞生了一种专门给咖啡采集者穿的便宜拖鞋。在1962年，受日本ZORI FLIP-FLOP夹脚拖鞋的影响，巴西开始制造Havaianas人字拖。

此次跨界创意取得了不俗的成绩，但Havaianas并没有停留在最初的创意上。20世纪70年代，Havaianas顺应嬉皮热，成为海边滩头热卖品，80年代携带fitness风由海滩热卖品变成街头俏品，90年代升级为街头时尚。

1994年，Havaianas为了降低成本以提高获利水平，推出单色系的拖鞋产品线Havaianas Top，没想到居然获得上流市场的青睐。从此，绚丽的色彩组合成为Havaianas最醒目的卖点。

1998年，Havaianas为世界杯设计特别款式，在人字拖的人字带上印上巴西国旗。此款一推出，立即在全世界流行开来，成为时尚人群竞相追逐的潮流产品。

2000年，Havaianas迅速全球化，许多来巴西的游客都会带一双Havaianas回去，越来越多的报纸和知名时尚杂志如Vogue、ELLE都给予Havaianas大篇幅的报道。与此同时，Havaianas开始进驻世界各地最具潮流风向标的时尚橱窗。

2003年，在赠送给奥斯卡金像奖各主要奖项提名者的Oscar Basket礼物篮里首次出现了限量版的Havaianas，之后每年都有新的Oscar Model问世。不论是雅致的黑色还是耀眼的金色，上面都配上了钻石、水晶、金银饰物等，平民气和奢华感并存，非常别致。Havaianas因此成了好莱坞明星们的街头爱履，品牌名气也随着明星们的街拍照而迅速传播。

2004年，Havaianas与国际知名珠宝店H.stem联袂推出用钻石和18K金装饰的特别版，令其一跃成为有收藏价值的名贵产品。

2011年，荣获2011 CFDA最佳男装设计师提名的纽约奢华时尚设计师Michael Bastian设计、推出中性人字拖系列。Bastian说："我向来都是Havaianas的忠实拥趸。能有机会与Havaianas合作，对我来说是无上的荣誉和不尽的乐趣。"

Havaianas与Michael Bastian的合作，是Havaianas跨界创意史上的一件盛事，为其产品系列注入了"极度的奢华感和充满雄浑力量的男性魅力"。

Bastian版本的Havaianas系列采用"饥饿营销"策略，仅在Havaianas网店限时限量销售，单价为38美元。非但如此，Havaianas还为不同地区独家发售特别设计，甚至量身定制款式，充分展示了品牌的创意与张力。

从Havaianas的发展历史来看，其之所以如此受欢迎，主要体现在跨界的创意上。

1. 跨界的设计创意

Havaianas的设计创造出无穷的变化，除了拥有如七彩阳光般热烈的色彩，又有一系列设计主题做鞋身彩绘，普通消费者能在鞋面上进行创作，其百搭精神自然也受到众多设计师的青睐，将它应用于各类时装表演中。消费者甚至可以在纯白的鞋面上设计出自己喜欢的图案，个性十足，这种创意受到成千上万年轻人的追捧。

2. 跨界的时尚创意

时尚就像病毒，是最具有传染性的，而当下时尚已变成了人们必需的消费价值。Havaianas正是看清了这一点，所以从全球时尚杂志到名品时装搭配，从T型台到奥斯卡、星光大道，时尚的领域里无处不见Havaianas的身影，有明星大牌们的宣传做铺垫，Havaianas的名气自然扶摇直上。

3. 跨界的文化创意

Havaianas的世界杯系列，将足球与鞋子巧妙结合，不仅为巴西队呐喊助威，更将足球精神充分演绎。运动是自由的，人字拖也是自由的；运动是不分国别的，人字拖也是不分国别的。除此之外，Havaianas还与日本文化碰出时尚新火花，2006年的千总系列是由为日本皇室服务数百年的千总工艺坊设计，有枫、葵、樱、吉祥等四个主题图案，此系列既赢得了巴西广大日裔移民的关注，也俘获了日本消费者的心。

由此可见，Havaianas给我们提供了一个很好的跨界样板。企业要想获得长足发展，就要能够应对各种竞争与挑战，有自主品牌，实现由“制造”到“创造”的跨越。因为伴随着市场的成熟与竞争的白热化，传统意义上单纯的营销已难以支撑起品牌的蓝天，而只有创意跨界营销才能令品牌绽放光彩，实现跨越式发展。

企业要积极借力借势，为自己的品牌注入鲜活的内涵，为产品的设计融入富有创意的元素，为顾客打造独一无二的附加值，进行“异元素”的创意跨界，这样才能赋予消费者新的消费价值，让企业在市场上真正占有一席之地。

用卖辣椒的思维来跨界营销

企业不断地尝试跨界，目的是获得更多市场和红利。如今在激烈的市场环境中，企业的生存越发困难，如果不学会转换思维，并通过主动学习来更新自己的思维，必将被市场淘汰。创意跨界就是企业思维转换的体现。

那么，什么样的方式值得企业借鉴呢？下面，我们来讲一个卖辣椒的思维。一般来说，卖辣椒的商家都会遇到这样的问题：顾客喜欢问辣椒辣不辣？这时商家很为难，因为回答“辣”，可能不喜欢吃辣的人就不会买；但如果回答“不辣”，喜欢吃辣的人也不会买。怎么办呢？有一个商家就巧妙地回答了这个问题。

辣椒摊前，一个顾客问：“你的辣椒辣吗？”商家说：“颜色深的辣，颜色浅的不辣！”于是顾客就挑选颜色深的辣椒，然后买走了。

不一会儿又来了一个顾客，还是问同样的问题。商家这次回答说：“长的辣，短的不辣。”于是顾客挑选长辣椒买走了。

最后，商家只剩下一些颜色浅的短辣椒，这时又来一位顾客问辣不辣，商家却说：“硬皮的辣，软皮的不辣。”就这样，不一会儿工夫，辣椒就卖完了。

从这个简单的卖辣椒的方式可以看出，商家仅仅通过改变宣传的方式，就轻易地将辣椒卖出去了。这种思维对于想要跨界求发展的企业来说，是非常有借鉴意义的。比如，酒仙网的创办就是由线下跨界到线上而获得成功的。

酒仙网创立于2009年，创始人郝鸿峰之前一直在从事酒类生意，正是多年接触酒类生意的经验，使得他把一个卖白酒的企业跨界到了电商行业。郝鸿峰根据自身企业的实际情况以及电商的发展趋势寻找到了跨界这条出路，最重要的是郝鸿峰善于角色转换，主动站在用户的角度来思考问题。

2009年，受到经济放缓的影响，传统酒类企业在销售渠道中遭到了一定的冲击，发展受到了很多限制，如劳动成本和各种租金成本的增加。尤其是互联网的崛起，销售渠道变得更便捷，使得酒类专卖店和企业获利水平越来越低。

这时，京东商城、凡客诚品、淘宝等各种电商企业纷纷兴起。无数家电、服装甚至超市都被搬到了网上，人们可以在网上随意“逛”。郝鸿峰抓住这一趋势，思考白酒是不是也可以通过网路来销售。

带着这样的疑问，郝鸿峰决定先进行市场调查，询问了一些消费者的意见，发现大多数消费者很希望通过这样的渠道买酒，只是当时并没有卖酒的电商。想到这里，郝鸿峰认为不可错过时机，于是有了跨界做电商企业的想法，酒仙网就这么诞生了。

酒仙网的成功，正是抓住了互联网的机遇，实现了从线下到电商的成功跨界。在如今这个跨界的时代，越来越多的企业把跨界作为企业获得机遇的重要途径。当然，跨界并不是轻易就能够实现的，很多企业在跨界的过程中效果不理想，雷声大雨点小。其中的原因很多，主要的一点是因为企业没有进行换位思考，忽略了用户的感受。

因此，企业要想跨界成功，就应该多站在用户的角度思考问题。企业应该把自己当作用户，这样才会知道用户想从企业那里获得怎样的好处、便利和服务。有了这种换位思维，企业就能在跨界的路上越走越远。

腾讯跨界创新，稳健才是王道

说到腾讯的发展，大多数人都认为其“一直在模仿，从未被超越”，认为腾讯公司更多的是在“跨界”，而非“创新”。其实，这种说法是有失偏颇的。什么是创新？它是一种思维，是一种运营模式，是一种行业理念。

创新必须取得成功，否则它就不能被称为“创新”，而只能被称为“探索”。所以，一个真正的创新，必须能够给企业带来成功。因此，必须从整体上对腾讯的创新进行评价、定义。

QQ是最能代表腾讯的核心软件，在其发布之前，其实已经出现了ICQ等即时通信软件，而且ICQ还是世界范围的即时通信工具，所以当时的QQ并没有任何优势。但是ICQ并不适于中国的消费市场，于是QQ崛起了。

后来，随着QQ的崛起，腾讯又推出了一系列的游戏。比如穿越火线、英雄联盟等，一时间非常火爆。在商业运作中，腾讯把这些游戏成功地从互联网自助行为转化成了互联网商业行为。这种成功的转化，可以说是腾讯公司的原创。

接着，腾讯推出了与迅雷下载相类似的旋风下载，与酷我音乐功能相同的QQ音乐，与搜狗拼音类似的QQ拼音等。不管这些产品做得好不好，都是腾讯公司在新领域的跨界尝试。这种勇于跨界的行为，使得腾讯越来越壮大。

从腾讯公司的一系列产品可以看出，腾讯的每一款产品虽然称不上是真正意义上的创新，其不断的跨界却是十分必要的。因为对于一个企业来讲，站稳脚跟，并从中赢利，是评价企业是否具有创新能力的前提。

或许你会说，成功的创新才称得上是创新的论调只是在以成败论英雄。其实，这里只是把成败作为评价的主要标准罢了。对于一个企业而言，成败更加令企业管理者关注。创新对于企业，应该是如何把自己的企业变成行业领先的企业，如何提高自己企业的竞争力，提高品牌的影响力。

对于腾讯来说，稳健才是它的主导思维。那种靠一个原创思维、原创理念或一种产品成就一个品牌的思路只适用于初创公司，这是一种赌博式的商业策略。腾讯的规模决定了它不能做出这种赌博式的整体决策。稳健策略才是一个成熟企业的标志。

当然，稳健并不代表不发展，腾讯时刻紧盯市场、紧盯行业。因为在当下的跨界创新时代，一个公司很有可能会因为赌赢了而站到与腾讯同等的地位，甚至超越腾讯。对于腾讯来说，需要提防这样的事情发生，所以必须不断地向前看。

一个新的理念，一个新的商业策略，往往存在很多缺点，所以最先提出的人并不一定能够成功或获利。腾讯清楚地认识到了这一点，因此对别人的思路极度关注，别人没有成功的东西，腾讯会借鉴并去完善。在腾讯看来，跨界创新走得早并不一定制胜，走得好才是王道，善于利用和完善别人的创新也是一种创新。

跨界微创新，实现可持续之路

如今，科技发展越来越迅速，企业产品更新换代的周期越来越短，但这并不意味着产品的“大创新”。因为互联网经济追求一个“快”字。企业不可能像军工厂那样花几年甚至十几年来研制新一代的装备。互联网思维求快又求新，企业更多的产品是微创新，这种发展模式才是适应企业发展需求的。

企业的微创新，简单地说就是通过细微的创新来改善用户体验，它必须立足于“用户体验至上”这个刚性需求。虽然只是微小的创新，但对用户来说是急需的。因此，企业应该对关键环节进行不断的微创新，这样企业才能在不断创新的过程中走可持续发展之路。

在这个跨界创新的时代，苏宁电器就很好地进行了跨界转变。首先，苏宁电器把企业名称改为“苏宁云商集团股份有限公司”。之所以“正名”，是因为跨界互联网的需要。其次，在改名之后，苏宁进行了一连串的微创新，正是因为这些跨界创新，使苏宁没有被互联网时代淘汰，而是成了继京东、淘宝之后的又一大电商。

手机贴膜是手机普及后衍生出来的一项服务，无论是大街上还是商场里，手机贴膜成为一道风景。苏宁利用这一现象做文章，其门店在34个城市推出了一个令所有人都大跌眼镜的服务，即免费为用户的手机贴膜。

在指定的苏宁实体店中，无论你的手机是在哪里买的，都可以进店享受免费贴膜的服务。不需要用户自己购买手机膜，苏宁的工作人员会主动提供贴膜服务，一切都是免费的。

手机贴膜的市场需求大，消费次数多。苏宁为了改善用户的消费体验，免费进行贴膜服务活动，真正地颠覆了传统模式的互联网思维。根据苏宁云商提供的数据来看，仅仅3天，门店就为用户贴了近80万张手机膜。

苏宁的这种微创新贴膜服务，很快触动了各界的神经。“苏宁免费贴膜”这个话题在各种社会化媒体中引起热烈反响，微博条数达到200多万，百度指数达到40多万。随着话题升温，用户之间的口碑传播效果显著。

免费贴膜取得的效果是惊人的。仅仅用了3天时间，不仅使苏宁门店的客流量大大增加，而且苏宁易购客户端的下载激活量也增长到了22万。与此同时，光临门店的用户为苏宁带来了额外的消费，比如世界杯彩电、空调等季节性产品与手机、电脑等普通产品当周的销售额比上周增长了120%。

可见，苏宁免费贴膜的微创新极大地提高了品牌影响力与用户满意度。这笔无形资产远远超过免费贴膜带来的成本。

从这个案例可以看出，微创新不一定是高科技的创新，它也可以是一种思维、一种模式的创新。手机贴膜是一个技术含量低、利润高的行业，而苏宁却能够跳出常规思维，借此把分散的客流聚集到自己的门店内，带动其他产品的消费，无疑是一种成功的跨界行为。

另外，苏宁把用户思维、流量思维、免费思维应运到了极致，因此成就了一个微创新思路。苏宁云商致力于打造“店商+电商+零售服务商”的混合体，以全新的模式为整个行业服务。手机免费贴膜只是创新跨界的一种尝试，苏宁还推出了5大城市特斯拉免费试驾、12个城市谷歌眼镜免费体验、V购、夜间送等一系列微创新服务模式，赢得了广大消费者的好评。

苏宁服务模式的微创新有一个特色，即围绕着门店展开。因为苏宁深刻地认识到，企业连续推出微创新也许不算太难，难的是把一系列微创新整合到一起，使企业产业链实现整体性跃升。

如今，苏宁云商已经实现了互联网化，今后，其将致力于线上、线下在产品、价格、服务、支付等环节的“大一统”。尤其是关于互联网门店的微创新，将成为苏宁在今后发展中极为重要的一个环节。

第六章
行业跨界，企业营销的连横合纵之策

如今，任何一个企业都不满足于做单一的产品，各行各业纷纷进行跨界行动。企业利用与其他企业合作来提高自身品牌的知名度，并获得丰厚的效益。可以说，在这个移动互联网时代，没有什么是不可能的，行业跨界正是企业面对发展进行的一次自我变革。

善于跨界，企业才能突破行业格局

我们经常听见一些经营者的抱怨。比如，为了经营自己的公司，每天从早忙到晚，看起来经营得很不错，但每到年底结算，才发现没有多少利润。为什么会出现这样的情况呢？原因很多，但有一点可以确定，即这些经营者一直专注于忙自己的事情，而没有花时间停下来好好思考经营思路。

的确，这些经营者之所以无法获取足够多的利润，思维固化、不懂变通是最大的原因，即不懂得与其他企业或者行业进行跨界合作。在如今“移动互联网+”大环境下，单靠传统经营思维是很难获取利润的。对于经营者来说，解放思维，进行跨界，才能突破行业格局。

每年春天都有来自全球各地的2000多家名贵腕表珠宝品牌云集在莱茵河畔的巴塞尔，全世界的专业买家、明星、记者都将赶往巴塞尔。这里有镶满名贵钻石的女士腕表、充满科技感的男士腕表、动辄数千万元的限量版名表……这就是拥有百年历史的巴塞尔钟表展，是所有爱表人士的盛会（如图6-1所示）。

图6-1 巴塞尔钟表展宣传页面

在第43届巴塞尔钟表展上，各大腕表品牌云集。但与以往不同的是，在这次钟表展上，不得不提到一个词——跨界。很多知名钟表品牌纷纷进行跨界活动，走上了智能化的道路，积极向智能领域进军，这成了时尚名表的一大发展趋势。

例如，世界知名品牌宝格丽在钟表展上推出了他们和知名数字安全与数据存储公司Wise Key联合打造的一款概念腕表。该腕表中配置了加密芯片和隐形天线，运用先进传输技能，搭载了苹果和安卓的应用系统，具有用户数据销毁功能和加密备份服务功能，可以说是一款“智能特工”腕表。

又如，苹果公司在推出Apple Watch之后，又联手时尚奢侈品牌GUCCI以及欧美知名乐队黑豆豆推出一款完全独立的智能腕表。这款腕表不仅外形时尚靓丽，可以插3G卡，还可以打电话、建立社交网络、发邮件、定位等。

瑞士名表泰格豪雅宣布与英特尔和谷歌合作，也要推出与传统钟表技术相结合的新型智能豪华腕表，并将搭载全新的英特尔芯片和谷歌的软件系统。在外形上则沿袭传统意义上的先锋制表的特点，可谓一款集奢侈、先锋以及智能科技于一体的豪华智能手表。

其实，在智能腕表出现之前，大多数钟表企业还在沿袭传统的生产设计和经营格局，这已经无法满足当下年轻人的需求了。即便做工再精细、再华美，在科技面前也可能会优势无存。所以，钟表品牌需要与智能科技、互联网行业进行合作，跨界打造出智能腕表，形成一个新的行业格局，这样才能实现可持续发展。

在这一届的钟表展上，我们看到不少名表品牌纷纷进行跨界合作。这些跨界之举透露出，企业只有不断涉足其他行业，才能打造一个新的商业格局，找到自己的发展之路。所以，对企业而言，最重要的是卸载掉昨天的经营思维，敢于通过跨界来开辟更广阔的市场。

跨界合作，实现各行业市场共享

华尔街流行这样一句话：“资本和技术主宰一切的时代已经过去，创意的时代已经到来。”可见，创意越来越引起人们的重视。那么，企业拥有什么样的创意才能长盛不衰呢？跨界这种创意十足的商业模式非常值得学习。

当下，跨界已经成为引领国际潮流的词语，企业要不断进行广泛和深入的跨界合作，从传统到现代，从产品到品牌，从有形到无形等。企业只有通过跨界博采众长，共享各个行业的资源，才能凝聚自身独特的优势，在竞争中所向披靡。

2016年4月13日，乐视在国家网球中心钻石球场正式举办了“生态共享之夜”，梅赛德斯–奔驰C级车作为首席生态合作伙伴共同“跨界化反，驾驭改变”。活动现场既有来自演艺界的明星大腕，又有来自各行各业的大佬，成为乐视生态共享之夜最亮丽的跨界风景线。

此次大Party璀璨夺目，活动开始仅1小时，就占据新浪微博话题综艺榜TOP1；2小时，累计摇红包人次超1200万；仅3小时，乐视视频评论和弹幕总数破百万；4小时，乐视视频在线累积观看人次超2800万。

其实，娱乐明星参与互联网跨界盛宴并不少见，但真正能将百位明星大咖与行业大佬混搭在一起，只有乐视生态共享之夜才能做到。在当晚的颁奖环节上，跨界的味道与众不同。在奖项设置上，“生态”“跨界”等价值成为评判奖项的全新标准。如导演徐克获得“乐视生态艺术科技大师奖”，陈思诚凭借《唐人街探案》获得“乐视生态年度最具跨界表现导演奖”等。

从这些奖项设计上看，除了让诸多明星戴上了生态与跨界的桂冠外，还让明星与互联网、产业界真正融合在了一起。

另外，乐视还与奔驰携手上演了一场生态共享的碰撞。戴姆勒大中华区董事长兼首席执行官唐仕凯称，奔驰与乐视的合作不应局限在车身、互联网及汽车共享领域，双方还将在动力总成、电池等核心零部件领域展开合作。

奔驰之所以能够与乐视合作，是因为奔驰的理念与乐视不谋而合，即一直通过创新与变革，不断刷新市场和行业的标准，不断引领市场的变革。乐视作为生态服务的开创者，始终致力于互联网全新商业模式的探索，推动生态模式的落地和商业实践，颠覆并引领互联网发展趋势。正是双方在品牌理念上的契合奠定了跨界合作的基础。

乐视的生态共享之夜，将自己与娱乐业、汽车业、互联网行业混搭在一起，为自身搭建了一个资源共享的发展平台。可见，企业只有进行跨界联合，才能充分利用各种资源，提升自身的竞争力，并满足更多用户的需求，提升用户的黏度。

在这个跨界全面来临的时代，企业进行跨界合作并不是随意就能成功的，需要避开单纯的“老路数”，因为这样很难吸引人们的目光。那么，该如何跨界呢？这就要求企业要有更多的创意。例如，Volvorii就是一款极富创意的高跟鞋。

Volvorii作为一款高跟鞋，其与众不同之处在于它的智能化，可以自动变换颜色。在Volvorii鞋表面上有一块电子显示屏，鞋子内部镶嵌着蓝牙组件，只要在手机上下载对应的APP，然后通过APP就可以随意地变换鞋子的颜色和图案。

这是鞋履企业与高科技智能企业的一次成功跨界合作。鞋履产品搭载高科技，让简简单单的一双高跟鞋有了智能的“大脑”，可谓创意十足，给用户带去了好奇心和新鲜感。用户购买这样的高跟鞋，可以随心情变换鞋子的颜色。

通过这样的创意跨界，鞋履企业能够吸引数码智能界的用户，让智能用户将目光转移到可穿戴产品上，而数码产品应用于高跟鞋上，则能让智能产品变得更加人性化、更具生活气息，实现了双方的市场共享。

由此可见，企业开展跨界经营时，必须用创意来点燃人们对产品的兴趣和喜爱。这样才能让跨界更有趣味，以吸引人们的眼光。另外，企业跨界要选择合适的合作对象，因为只有前景良好的行业，才能在跨界时享受极大的红利，否则很可能被“拖下水”。总之，企业既要勇于跨界，又要慎重跨界。

行业跨界不是“1+1=2”这么简单

自从“互联网+”横空出世后，一系列“互联网+”的概念纷纷出现，比如“互联网+金融”“互联网+营销”“互联网+新媒体”等。但企业应该明白，并不能一味地注重互联网，因为互联网在与企业自身相结合时，更多的是一种工具和手段，而不是主体。

举例来说，“互联网+金融”实际还是要以金融为主体，然后借助互联网快速发展带来的新业态和新机遇，激发金融企业新的活力和动力。其他任何领域也是如此。在互联网时代下，企业应该以发展为核心，并充分利用互联网条件，实现资源的获取、分配和利用。

也就是说，无论是什么加互联网，都需要利用互联网这个有效的工具和手段，去构建一种新的业态或环境。而这种环境，不仅是简单的“1+1”，而是必然形成的跨界融合。

如今，跨界合作越来越成为主流，比如阿里巴巴与魅族合作推出新款手机、李宁与小米合作推出智能跑鞋……这些跨界取得的成果告诉我们，行业跨界不是“1+1=2”，而是“1+1>2”。

小米是手机界的一匹黑马，在其手机新品发布上曾与腾讯进行跨界合作。例如，小米的第一款千元红米手机曾在QQ空间首发，三天之内销量就超过了500万部。有了第一次的成功，小米3的发布，依然选择了在腾讯旗下的微信平台限量发售15万部，并且支持微信移动支付。这次跨界使腾讯的微信支付火了起来，人们纷纷下载微信，并且绑定银行卡，使用微信支付来购物。

小米与腾讯的多次跨界合作，使双方都获得了极大的利益。小米借助腾讯在社交平台上的优势，依托微信和QQ的巨大流量以及传播力，获得了大量的好评，成为被无数年轻人疯抢的产品。而小米则通过自己的硬件和特殊的系统，为腾讯在未来社交化电商营销方面提供了支持和流量入口。

其实，小米与腾讯的跨界之所以能够达到“1+1>2”的效果，一方面是腾讯利用了小米过硬的产品质量和超高的人气，另一方面是小米借助了腾讯强大的流量和社群功能。由此可见，在行业跨界中，优势互补才能实现行业跨界的强强联手。

不过，跨界成功的案例虽然比比皆是，但并非所有的跨界都是成功的。比如，曾经名噪一时的百事P1手机在京东上开始众筹，但最终众筹到的金额还不足目标金额的一半，让诸多参与者黯然神伤。

由此可见，行业跨界合作也可能取得“1+1＜2”的效果。这就要求企业在跨界时要了解所跨的领域，想明白为什么要跨入这个领域。在选择的过程中，最重要的是理性，不要盲从，从企业的实际情况出发。

总之，绝大多数行业跨界之所以失败，大都是因为企业对新行业不熟悉，合作双方需求不一致而导致沟通不畅，推出产品或服务质量不高，以及盲目跟风。所以，跨界并不是“1+1=2”这么简单，跨好了能够取得大于2的效果，跨不好效果就会小于2，企业要做的就是实现前者，规避后者。

多品牌跨界，有利于扩大营销圈

跨界营销是指原本不相关，但在品牌内涵或产品功能、目标客户等方面有着某种必然联系的企业通过合作和深度互动，促进合作各方在品牌内涵、品牌形象、产品关注度等方面获得提升，进而服务于产品销售的一种跨界行为。

企业之所以进行跨界营销，是因为不同品牌的消费者定位不同，不同消费者对品牌的诉求也不同。企业只有抓住消费者的想法，并提供他们所需的产品，才能赢得消费者的喜爱。因此，企业要想吸引更多用户，就必须通过与其他企业品牌的跨界合作，打造一个新的、更大的营销圈，让不同领域的用户对企业自身的产品、品牌产生更大的兴趣。

随着中国生活用纸市场的发展，外来企业和大牌纸产品企业纷纷进入中国市场，导致纸质产品市场的竞争压力越来越大。维达是国内纸质品牌的老企业，面对对手的不断进逼，维达只能走上跨界合作的道路，以此寻找经营方式的突破。

例如，维达与“功夫熊猫”“FEEL”等合作，推出卡通、游戏、电影系列产品，还推出动画片《喜羊羊与灰太狼》的子品牌，大力整合自己的产品线，提升自己的品牌活力。维达希望通过多元化的跨界来做到自身与社会高效资源的巧妙整合。

维达还细分了消费者用户，将其分为儿童、青少年、都市白领等多个类别。

其中，维达绵柔系列产品主要针对的是12岁以下的儿童，根据“喜羊羊”的特点和开心乐观的精神，采用了童趣、轻松的产品设计，获得了这一人群的喜爱。

针对青少年群体，维达则以“功夫熊猫”的品牌形象，给用户带去全球顶级动画公司梦工场的感染力，给这类用户传递了一种坚强、柔韧、自强的精神，所以这一系列很受青少年以及动漫爱好者的青睐。

针对个性分明、潮流触觉敏感的都市白领，维达则设计了“FEEL”系列，用时尚潮流的方式来包装，满足众多年轻时尚的都市白领的心理需求。

维达的这些跨界合作，就是通过借用其他品牌的影响力来吸引其他品牌的受众人群，从而让更多的人了解维达这个品牌，有效地扩大了营销范围。

其实，多品牌的跨界是以具有关联的价值性元素为纽带，通过跨界品牌之间相互渗透、相互融合，给品牌一种立体感、纵深感的特征展示，并产生新的亮点。通过价值性元素来建立起跨界合作品牌之间的价值联系，而这种价值联系可以使合作各方在互动中受益。

另外，多品牌跨界合作还能让各方共享信息、品牌优势及忠实客户群体资源，从中获取更大的市场与更多的收益。维达与卡通、电影产品合作推出的不同主题的产品，就体现了这几点。我们可以通过图示（图6-2）来描述品牌跨界营销的原理。

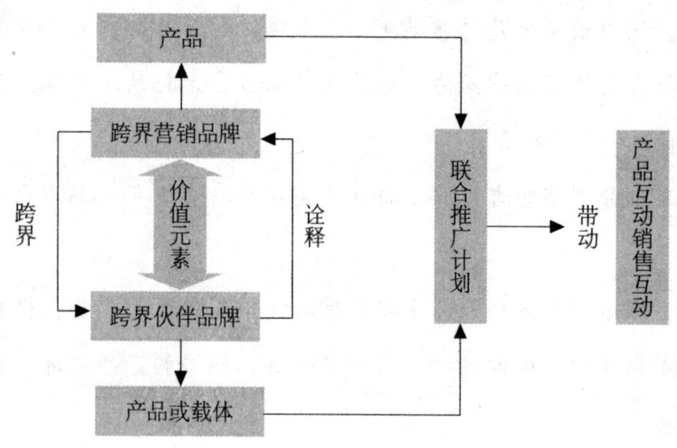

图6-2　品牌跨界营销原理

从图中可以看出，挖掘跨界价值元素是极其重要的一环，这关系到选择跨界合作伙伴。并且，跨界合作伙伴之间的价值互动，体现着价值性元素的渗透、融合，或者说价值的双向添加。所以，企业要以价值性元素为基点，去寻找合适的跨界合作伙伴。

尤其是在当下，各大企业都面临着互联网社群、粉丝经济以及大数据的冲击，单打独斗已经不再适应市场竞争。企业只能通过多品牌跨界与高效的资源整合，寻找更多合作伙伴来谋求发展。维达之所以会选择与“功夫熊猫”“FEEL”等品牌合作，主要原因在于这些企业的品牌影响力大，而且能为维达带来数量更多、范围更广的客户。

行业跨界，实现品牌的叠加与互补

企业之所以热衷于进行跨界合作，很重要的一个原因是可以通过跨界资源整合的方式来形成一种叠加效应。一般来说，每一个品牌都有其受众，只有在拥有共同受众目标的前提下，才能达成某种战略合作关系，并且在品牌传播、客户开发，业务延伸等方面，形成叠加效应。

所以，品牌之间的跨界就是将两个以上的品牌叠加在一起，从而产生远远大于单个品牌的影响力和传播效果。需要指出的是，品牌跨界合作并非单纯的营销联盟，而是一种价值联盟，合作双方之间是不存在竞争的，而是具有很大的互补性，注重渠道共享。这也是跨界合作能够形成叠加效应的原因。

“咖啡陪你”是韩国的一个连锁咖啡品牌，为了扩大营销业绩，其与招商银行进行跨界合作，共同推出“咖啡银行”，使得大量用户对“咖啡陪你”产生深刻的印象。一方面增加了“咖啡陪你”的品牌知名度，另一方面也极大地增加了其销售量。

其实，“咖啡银行”并不是什么新鲜事物，在“咖啡陪你”与招商银行跨界合作之前，太平洋咖啡就已与各大银行、医院进行过跨界合作，推出“咖啡银行”和“医院咖啡”的理念。例如，太平洋咖啡与华润银行的合作，就是在银行营业厅的旁边开了一家咖啡馆，用户在办理银行业务时，可以一边看书、上网、品尝咖啡，一边与银行工作人员洽谈投资理财计划。

这种咖啡品牌与银行的合作，就是网点与客流的共享。去银行办理业务的用户可以到咖啡厅里喝咖啡，免除了排队等候的烦恼；而在这种悠闲的环境中，客户也更有心情去了解银行推出的各项业务。同时，咖啡店利用客户排队等候的碎片化时间，增加了咖啡店的客流量。两者共享各自的优势资源，形成了强度叠加效应和资源整合效应。

另外，在跨界合作中，品牌叠加效应只是一个方面，另一方面则是两个跨界合作的品牌的互补，也就是将各自的市场价值和品牌内涵转移到对方的传播效应中，从而丰富各自品牌的内涵，提升企业的整体影响力。

例如“香车美女”这个词汇，如果将“香车”和“美女”看作是两个品牌，那么只有配上“美女”，才能体现出“香车”的价值和吸引力；而只有与“香车”搭配，才能让“美女”显得更加有魅力。可见，两者只有通过互补才能实现价值最大化。

宝马推出BMW 5系Li新款汽车时，吸引人的不仅是它豪华的配置和超高的性能，还体现在内部驾驶体验。在这款车中，宝马首次与百度地图进行了跨界合作，为用户提供生活搜索、位置、导航等服务。

这次合作可以让用户通过两种方式享受汽车互联网带来的新体验。一是直接在PC端用百度地图查找到目的地，然后将这些信息通过“发送到汽车”选项传送到宝马汽车上；二是在宝马汽车上直接通过“百度地图搜索”方便地查找目的地，这种车网合一的体验，能让用户获得更舒适、更自由的驾驶体验。

宝马汽车与百度地图的跨界合作，实现了人车交互、人车对话，全面提升了用户的驾驶体验。对百度地图来说，其近距离接触宝马汽车用户，提升了自己的知名度，从而获得了大量的潜在客户。

宝马与百度的这次跨界合作非常注重用户体验，而且注重彼此优势的互补，这是汽车行业的一个发展趋势。所以说，跨界是实现企业品牌叠加和互补的有效途径。不过，企业需要注意的是，没有任何利益的跨界是不能做的。另外，跨界应当把目光放长远，要看未来的发展是否对自己有利而不要局限于当下。只有如此，企业才能获得长足的发展。

未来云物流菜鸟网的跨界

移动互联网时代的到来，使得云计算和三网融合逐步得到应用。在这种新的形势下，企业的发展定位已经成了一个亟待解决的问题。面对互联网大潮，企业一步不慎就有可能被淘汰，因此，众多企业纷纷通过跨界寻求出路。

跨界虽然是很多企业谋求发展壮大的途径，但更确切地讲，如今的跨界更像是企业为了生存下来而进行的求生之举。尤其是在传统行业一步步走向凋零的背景下，例如诺基亚的凋零，苹果、小米等手机品牌的迅速发展让人意识到企业发展模式和变化之快。为了生存，必须开拓更多的领域，整合各个方面的资源。

天猫网是阿里巴巴主打的品牌电商平台，虽然电商平台有着很大的优势，但物流成了其发展的短板，如果不加以改善，就有可能被京东、腾讯、苏宁易购、国美、一号店等瓜分市场份额。在天猫网和淘宝网已经占据中国电商零售业75%左右市场份额（按快件量计）的情况下，只有保证供应链的智能仓储和快递环节，才能保住“巨无霸”的地位。

对马云来说，在电商平台这个产业链上，上游和中游除仓储外已经被阿里巴巴旗下的天猫网、淘宝网和支付宝垄断。如果在全国范围建立智能分布式仓储，并控制货源，垄断下游的快递，就可以确立在电商平台中的垄断地位。

因此，马云建立菜鸟网，一是为了强化阿里巴巴旗下天猫网、支付宝和淘宝网“巨无霸”的地位，二是为了将菜鸟网打造成智能快递物流的“巨无霸”。

我们知道，马云始终站在互联网发展的前沿，引领着整个中国互联网企业向前走。在菜鸟网的设想上，马云抛弃了传统的物流思维，决心用互联网的生态思维来整合现有的物流资源，为淘宝网以至整个阿里巴巴的发展重新提供强大的动力。

因此，为了将菜鸟网打造成为智能快递物流的“巨无霸”，马云选择了快递行业排名前六强中的顺丰速运和“三通一达”，他们在中国快递业的业务量占市场份额的73%以上。这样不仅不需要投资建立快递企业，还可以免去竞争周期，通过快递配送强化支撑阿里巴巴的竞争优势。

和做淘宝网的想法一样，马云只是把菜鸟网作为一个物流平台。因为这样可以利用“三通一达”的资源，节省大量的人力和资金成本。主导者只要建立规则和制度，由其他公司遵守和执行这些规则和制度就可以。这些企业为了谋求更多的订单，就必须加强和阿里巴巴的合作，对每一个环节进行设计和把控。

菜鸟网的模式告诉我们，跨界不仅需要很大的勇气，还需要有颠覆的精神。马云进入电子商务以来，颠覆的精神一直支撑着他往更高的方向发展。想要跨界，就应该抛弃旧的思维和方法，这样才能对新的行业和领域产生质的影响，并开拓更广泛的业务。

当然，企业的跨界并不是随意的，更不是盲目地扩张。在整个产业链条上，跨界的直接推动者是用户，即用户是跨界的原动力。当用户提出需求，企业当前的发展满足不了时，跨界才会顺其自然地进行。

一般来说，用户的需求可以通过大数据来分析而获得。在这种思路之下，跨界对于整个商业生态链都是极好的补充和完善。也就是说，跨界是生态链自身的需求。在马云的阿里生态链上，这种需求是庞大的。这也是马云跨界做菜鸟物流的因素之一。

另外，企业想要跨界，还需要注意企业内部结构的良性以及产业结构的合理性，这样才能更好地接纳新的事物。跨界要着眼于更长远的未来，只有符合企业和市场的发展方向，不违背市场规律和经济规律，跨界才能取得成功。

第七章
产品跨界，打造品牌营销的强强联合

产品跨界是企业最常用的营销策略之一。如今，越来越多的企业在进行跨界产品的开发以及跨界产品之间的合作。产品跨界不仅能给企业带来巨大的收益，还能让一个企业迅速崛起。可以说，只有你想不到的，没有产品跨界做不到的，本章内容将告诉你如何顺利实现产品跨界。

产品跨界，精准定位是第一要务

产品定位就是在顾客头脑中寻找一块空地，然后占据下来，使其不被别人抢占。也就是说，定位就是让你的企业和产品与众不同，形成核心竞争力，对受众来说则是建立品牌。尤其是在跨界时代，跨界策划需要定位，只是这种定位必然演变成一种更具市场突破性的跨界定位。

其实，跨界定位同传统定位一样，既需要分析行业环境，又需要寻找区隔概念，进而找到支持点并进行传播和应用。不同的是，这种定位分析和寻找，需要打破传统界限，站得更高，看得更广。跨界定位既包括在既有产品下的人群、价格、档次、诉求等的界限性一体化突破，也包括对产品的研发性跨界创新。

大Q手机（如图7-1所示），是一个新晋的互联网手机品牌，它从创立之初就带有移动互联基因，并拥有完整的电商渠道。它是一群来自清华大学的年轻创业者打造的一个智能手机品牌。从创立以来，大Q品牌就注重用户参与、自行设计硬件，并独立研发软件应用和操作系统，打造独立品牌社区、原创品牌周边创意产品。以用户体验为核心，用产品经理的思维做手机。

图7-1 大Q手机

针对市场上手机品牌众多、竞争异常激烈的情况，为了获得消费者的青睐，大Q手机对自身的发展进行了产品定位，决定用跨界思维做手机。

比如，Q1系列手机刚出来，就与腾讯进行了跨界合作，在腾讯旗下的易迅网进行首发，首批8000部Q1手机短时间内销售一空，获得了大量用户的认可。这次的成功离不开其精准的定位，一方面秉持着“敢于追求极致，一切为了用户”的原则，提供的产品非常符合年轻用户的心理需求；另一方面，Q1系列手机的价格在千元以下，让大部分年轻用户都有实力购买。

其实，Q1手机的定位，源于其与三星产品的合作。大Q手机采用了与三星GALAXY Note 3相同的皮质后盖和金属拉丝工艺，并且还搭配最新的四核处理器，4个1.3GHz的MT6582芯片，采用28纳米制程工艺。这些配置让大Q手机的性能最大可以提升80%，功耗降低60%。因此，该款手机运行非常流畅，能轻松玩转市面上几乎所有手机游戏。另外，8G的内存可以容纳更多客户端、软件、歌曲、视频和照片等。

大Q手机不断寻求更精准的定位，并推出了Young系列首款手机——大Q小明。这款手机的目标消费者是“90后”。大Q手机希望这些用户可以毫无负担地更换最新配置的高性价比智能手机，为此大Q小明的上市价定为499元。

此外，大Q小明手机还与腾讯跨界合作。例如，大Q小明手机为用户提供了腾讯全面Wi-Fi，只要用户在规定的时间在易迅网购买大Q小明手机，就能免费获得腾讯全网Wi-Fi一个。凡是购买大Q小明手机的用户，还能获得价值300元的腾讯游戏礼包，快速体验好玩、刺激的腾讯网游。这些跨界合作，使大Q小明手机得到了不错的销量。

从大Q手机的跨界中，我们可以得知，在产品跨界的过程中，企业应该多注意目标人群的需求，为产品打造更多的功能，这样才能让产品成为用户心中的最佳选择。尤其是在当下，企业面临着国内外同行业的竞争，以及不同行业的猛烈冲击。企业想要在市场占有一席之地，就必须跨界联合更强大的产业、产品来壮大自身的实力。

正如海尔集团老总张瑞敏所说：“没有饱和的市场，只有饱和的思想。对企业来说，市场永远是公正和平等的，只要企业瞄准市场创新产品，进行定位性的跨界突破，就会找到市场空间。”可见，无论是产品跨界，还是产业跨界，跨界创新都是大势所趋，企业只有准确定位，才能取得跨界的成功。

产品跨界就是要颠覆传统

随着移动互联网的发展，“颠覆”成了人们口中的热门词汇。例如，小米颠覆了手机界的价格，滴滴打车等软件颠覆了出租车行业，支付宝颠覆了银行支付等。这些颠覆举动让无数企业面临着风险，同时又充满着机遇。颠覆的背后，跨界才是真正的新潮流。

跨界，可以是来自同行业的企业，也可以是来自毫无关联的企业。例如，三大电信运营商不会想到会被微信搅闹得天翻地覆；各大银行也不会想到会与支付宝、微信支付等支付平台争夺饭碗。然而，这一切都已经发生，企业不得不面对。

如今，原本呈线性发展的竞争格局，开始被互联网带来的跨界竞争所打破，不同行业的基因序列都需要进行重组。在充满了各种竞争的环境下，企业最彻底的竞争是跨界竞争。例如，你将一个收费的业务当作主营业务，而跨界进来的公司却完全免费，那么你就只能被颠覆。

在360安全卫士出来之前，大部分杀毒软件都需要收费，免费的360安全卫士彻底改变了互联网安全行业的商业模式和竞争规则。短短几年时间，360安全卫士的装机量达到了4亿多，成为仅次于QQ的第二大桌面客户端。此时，其他安全软件几乎销声匿迹。

如今，360以安全卫士为根基，带动浏览器的流量，浏览器又带动导航的流量。其实，安全卫士本身并不赚钱，但是基于浏览器和导航却可以衍生出多种盈利模式，搜索即是其中之一，这也是360切入搜索的最大底牌。

安全卫士不仅为360衍生出另外两个PC端的流量大户，即浏览器和导航，还悄悄培植了360手机助手，在移动端拥有了强大的应用分发能力。360的这种商业模式，决定了用户在使用安全卫士的过程中捆绑、强制弹窗等都是不可避免的，这也是360一直备受争议的地方。

360的强势崛起引发了腾讯和百度的觉醒，中间更是有“3Q大战”和“3B大战”作为催化剂，腾讯和百度先后发力安全领域。马化腾的内部讲话表示，所有的产品线都应该积极思考怎样带动安全的份额，怎么样提升安全领域的专业能力和形象。

腾讯和百度发布的安全产品纷纷主打简单可信赖的卖点，例如百度发布的百度卫士中有四大承诺：永久免费、不骚扰用户、不胁迫用户、不偷窥用户隐私，对准的正是360经常遭受诟病的死穴：捆绑、弹窗以及隐私等。

安全并不是腾讯和百度商业模式的核心，更多的是为了卡位，触动的却是360商业模式存在的根本。当然，今天的360并不止安全卫士一款产品，其周围已经有了包含浏览器、网址导航以及手机助手在内的护城河，也没有那么容易被拉下马，但是如果百度、腾讯能一直秉持简单可信赖的原则慢慢地在安全领域树立口碑，360一定也会面临巨大的压力。

从案例中可以得知，360的横空出世以及其不断跨界的衍生产品，让安全领域的企业无从招架，同时也让360得到了颠覆性的发展。从这一点来说，跨界是企业发展的必由之路。

可以预见，未来将会有更多的企业、创新者以前所未有的速度，从一个领域进入到另一个领域。产业的边界正在融合，传统的各个行业有可能被逐个击破，被新思维、新技术、新模式所颠覆，跨界盛宴将会一场接一场地轮番上演。

在互联网不断发展的当下，跨界竞争已经愈演愈烈，而这场跨界竞争，势必会重新构建原有的商业秩序，掀起一场重新洗牌的卡位战。如果你不跨界，别人就会过来“打劫”，让你“出轨”，可以说，跨界正在重塑产业格局。

在大互联网时代，所有传统产业都面临巨大的竞争，一方面是跨界产业与传统产业机构之间的竞争；另一方面是传统产业内部的大型企业与中小型企业、全国性企业和区域性企业之间的竞争。而互联网和大数据打破了所有的竞争壁垒，使得所有企业都站在了同一竞争层面上，加剧了竞争的激烈程度。所以，企业只有跨界颠覆才有出路。

在跨界联盟中塑造企业品牌

跨界联盟是指在“互联网+”的时代里，为企业及品牌量身打造的突破传统营销模式的一种强大的营销联盟互动平台。其合作各方不存在上下游的垂直关系，只存在一种水平关系。跨界联盟并不是什么高深莫测的东西。说到底，它只是一种“错位合作”战略。

例如，某位消费者在肯德基快餐店吃饭时，获得了KTV的体验卡或者商场的购物券。餐厅、KTV、商场原本是不搭界的行业，有着各自的目标市场。但实际上，一个人可能同时成为这三者的消费者。也就是说，消费者个体的需求多样性，是跨界联盟赖以生存的基础。

跨界联盟模式的最大优点是可以在不增加其他投入的前提下，让资源的利用率得到有效提升。通过共享渠道，实现跨界联盟一体化的品牌传播。借助彼此的品牌影响力来扩大潜在客户资源，并提高营销成功率。

不过，建立跨界联盟需要一个前提，就是所有的加盟者都不存在资源冲突与同行竞争。也就是说，合作者的经营领域必须错开，这样才能实现资源共享与互助共赢。对于处于创业阶段的企业来说，跨界联盟是一个快速创造品牌的好办法。对于因市场环境变化而导致业绩下滑的传统企业而言，更是一个突围的方向。

2016年7月9日，湖北邮政首个上海迪士尼（东方绿舟）夏令营旅行团共计79人准时开赴上海东方绿舟和迪士尼乐园，正式开启了“湖北阳光少年的上海梦幻之旅”。随着7月16日首团的顺利返航，中国邮政集团公司湖北省分公司步入了抢抓旅游行业嬗变机遇、开启企业联盟的“+时代”。

自5月开售以来，湖北省分公司通过2个月时间，售出包括上海东方绿舟夏令营在内的上海迪士尼旅游套餐600多份，签约游客1273人。截至8月9日，新增181人签约参团，全省累计签约客户达到1454个，销售收入达到447.8万元。

其实，“邮游”合作并不新鲜，但是湖北省分公司涉足旅游核心资源，和旅行社联合开卖旅游产品，并将触角延伸到千里之外的上海，还是头一遭。该分公司第一次看到两个正在寻求“+时代”的行业相互碰撞迸发的火花，第一次体会到实施跨界联合带给彼此的认同感和欣喜。

此次上海迪士尼旅游项目，是湖北省分公司积极尝试传统函件与新业态跨界融合发展，推进函件转型升级的一次积极的尝试和勇敢的跨越。此举不仅使其不再局限于一个产品、一个项目、一个专业和几百万元的收入，更重要的是探索了函件跨界的新方向、新模式、新空间，为传统邮政业务跨界联盟提供了借鉴。

由此可见，跨界联盟是企业塑造品牌的绝佳合作方式，其表现形式包括品牌跨界联盟、市场销售跨界联盟等。北京营销学会高级讲师谭小芳曾表示：“在全球最强势的300个品牌中，有40%在开展跨界联盟。”通过跨界联盟可以实现资源共享，双方不必另外增加成本就可以提高营销和传播效率。

需要注意的是，跨界联盟虽然能实现集合众弱以抗强的效果，但并不是每一个跨界联盟都能实现双赢。这种模式是一把双刃剑，假如合作各方的资源与能力没有达到相应的匹配程度，就很可能导致失败。

对于跨界联盟的企业来说，应当与合作伙伴在资源整合、经营理念、品牌认同等方面具备较高的默契。如果没有这个前提，双方很难尽心尽力地展开全面配合，也就无从做到共享资源。而且，目前国内许多跨界联盟还没有实现深度的品牌联盟，也就是说合作企业彼此之间在战略规划、市场数据、产品研发、文化品牌建设等层次方面没有进行深入的交流与整合，从而没有构成更高层次的长期性跨界联盟。

所以，对于品牌知名度较弱的企业来说，进行深度的跨界联盟才是合纵的最佳策略。而如果不找准彼此的利益共同点与资源共享点就匆忙“抱团”，只能变成大杂烩式的产品叠加，而无法打造自身的品牌影响力。

跨界是提升产品品牌的有效手段

随着市场竞争的日益加剧，行业与行业之间相互渗透、融合。如今，一个企业、一个品牌、一个产品单打独斗的时代已经结束，因为任何一个优秀的品牌，由于特征的单一性，受外部性影响大，企业所付出的成本将会大幅增加。

基于以上原因，跨界成了塑造品牌的有效手段。跨界可以让品牌与品牌之间相互映衬和相互诠释，从而实现品牌从平面到立体、由表层进入纵深的转变，使企业整体品牌形象和品牌联想更具张力，对合作双方均有裨益，让各自品牌在目标消费群体中得到一致的认可，从而避免传统营销模式下品牌单兵作战易受外界竞争品牌影响而削弱品牌穿透力、影响力的弊端。同时也解决品牌与消费者多方面的融合问题，因此跨界越来越受到企业的青睐。

当然，品牌塑造是一个系统、长期的工程，品牌知名度、美誉度和忠诚度是品牌塑造的核心内容。大企业可以凭借雄厚的财力、物力，通过炒作、广告轰炸、大规模的公益和赞助等进行品牌塑造。那么，中小企业如何进行品牌塑造呢？

许多中小企业在这个问题上非常纠结，一方面他们希望通过品牌塑造来提升企业品牌的知名度，进而打开市场，提高产品销量；另一方面，他们自身的资金和实力有限，担心投了广告没有效果将导致企业进退两难。其实，这些都过于忧虑了，跨界至少可以让中小企业多一个选择、少一份顾虑。只要有好的思路，通过跨界，就可以用极小的代价极大地提升品牌知名度。

Uber（优步）是全球领先的创新科技企业，于2010年成立于美国硅谷，目前在全球58个国家和地区超过310个城市改变着用户的出行方式。Uber智能手机APP基于专有的领先技术平台开发，将乘客与司机即时、就近、精确、无缝连接，为乘客提供多样化的出行选择和高品质的服务，为合作司机带来更多的就业和工作机会。用户指尖轻点即可开启由专属司机带来的安全可靠、方便快捷、优雅从容的新一段旅程。

自2014年2月开始，Uber先后进入中国北京、上海、广州、深圳、杭州、成都、重庆、武汉、天津、长沙、南京、苏州、佛山、青岛14座城市，各种跨界营销创意活动抢足了眼球，经常霸占各大媒体的头条位置。在短短的一年多时间里，Uber以跨界营销的方式，在中国迅速提升了品牌知名度，打响了品牌，其在全球的估值提高了500亿美元。

对于将要进入幼儿园的小朋友和家长们而言，9月1日是一个非常值得纪念的日子。宝贝即将和家人分开，迈入一个全新的环境。爸爸、妈妈们的心情五味杂陈：担心、焦虑、不舍。Uber和妈妈网联合举办了“专车送你去上幼儿园，跟拍宝贝第一次上学路上的故事”活动。这个活动由摄影师全程跟拍摄影，记录宝贝美好、珍贵的第一天。Uber还表示：凡是符合报名条件，并按要求报名的网友，无论是否选中，都能获得Uber提供的100元打车基金。

该活动获得了很多妈妈的好评，不少妈妈在活动主帖后跟帖留言。如

“来了个高大上的奥迪车，很宽敞，真心不错啊。”“给宝贝一个有意义的开学纪念。”这次活动让妈妈认识、体验了Uber，从妈妈的角度打造了一个接地气的情感沟通活动，让妈妈们在今后需要打车时，情不自禁地想起Uber。

Uber坚持以用户为中心，把每次跨界营销做成一次事件，做成一次极致的用户体验，让用户尖叫。比如在深圳，Uber中国首届新媒体艺术节合作，提供Uber专属大巴，沿路接载乘客至艺术节现场；并在大巴上向乘客们提供顶级美发师、美甲师、专业DJ的专享服务。还没到艺术节，粉丝们就已热血沸腾。在成都，Uber和宝马Mini合作，推出市区三环内免费搭乘至目的地的优惠活动。每辆Mini配备两位专用轮班司机，还有Mini期刊、饮品、车内Wi-Fi和充电器等人性化产品。

跨界是一种营销方式，其核心在于创新，目的在于通过创新实现共赢，提升企业品牌的知名度。Uber正是通过不断地跨界，提升其品牌知名度的。所以，企业只有大胆地“跳出品牌看品牌、跳出行业看行业”，颠覆传统思维，大胆借鉴、嫁接其他产品、行业的思想、模式，才能获得突破，并实现自己的品牌之路。

更重要的是，作为一家企业，尤其是名不见经传的小企业，想要通过跨界来打响企业品牌，一定要与知名度较高的企业合作，只有这样才能借助他人的东风赢得自己的市场。虽然这是一种“攀高枝”的行为，但在市场竞争中，有时候“攀高枝”的确非常奏效，能够让品牌在一夜之间爆红，成为家喻户晓的大品牌。

产品智能化，才能“跨”出精彩

当下，跨界这一趋势正深刻地影响着各个行业，无论是传统制造业，还是以科技公司为龙头的新兴企业，都在智能潮中开始了跨界的探索，产品跨界的走向越来越智能化。做手机的开始生产智能手表，做电子的开始生产智能跑鞋……很多传统企业生产的产品逐渐发生变革，比如空调、洗衣机、冰箱、抽油烟机等产品都在向着智能化发展。

智能化概念的普及和深入，为产品跨界搭建了一个巨大的平台，使完全不同领域的产业得以无缝对接，并由此衍生出了更多创新模式。尤其是当下大数据、网络以及人机交互等智能技术构建了产品智能化的基础，为产品的跨界提供了巨大的可能。

在智能化家居发展之初，Juniper Research研究认为，到2018年，智能家居市场总规模将达到710亿美元；2018年中国智能家居市场规模将达到1396亿元，市场规模约占全球规模的32%。在如此迅猛的发展态势下，小米首先联合美的进行了智能家居的跨界合作，随后，更多企业也不甘示弱，纷纷进行跨界。

2014年，TCL集团发布了互联网转型时代下全新的经营转型战略——“智能+互联网”与“产品+服务”的“双+”战略。随后，TCL联手京东推出新产品网络定制智能空调。TCL的频频出手，显现出它对智能家居市场的勃勃野心。

创维也是智能家居的先行者，同样是在2014年，创维旗下互联网电视品牌酷开与华为旗下品牌荣耀联合发布智能电视——酷开荣耀A55智慧屏幕。其实，双方早在2014年初的国际消费类电子产品展上，就宣布达成战略合作，由华为为创维的智能电视提供云服务，创维电视将内置华为的照片分享、云存储以及多屏技术，为电视用户创造应用上的更多便利。

阿里巴巴则在2013年底，与海尔结盟并达成战略合作协议。阿里巴巴旗下的菜鸟物流公司，参股海尔旗下的日日顺物流，并且还战略入股了日日顺的母公司海尔电器。双方在大件商品物流、大数据分析等方面深入合作。而且双方还联合推出了海尔阿里电视系列。

从这些以往的跨界案例中，可以看出，智能产品跨界是一大趋势，而且智能化也是未来发展的一个趋势。所以，企业要让自己的产品逐步向智能化领域靠近，如此才能更有竞争力。

虽然智能跨界如此频繁，但依旧有很多企业因为害怕成本投入太大或是成为失败的试验品而不敢跨界。其实，企业想要取得突破，就必须大胆地拥抱智能世界，放开手脚去做，在做的过程中不断适应和调整，如此才能够做出更好的跨界产品。同时，需要注意，产品跨界虽然要追求智能化，但还必须要注重实用性。

跨界就是勇于创造“第三种产品”

产品跨界与品牌跨界不一样，并不是简单经过设计之后的叠加就能创造出营销奇迹，而是必须将“第一种产品”与“第二种产品”进行混搭，生产出优于前两者的“第三种产品”，才算是取得跨界的成功。

何为“第三种产品”呢？简单地说，就是将两种看上去毫不相关的元素“打碎”后重新组合到一起，变成一个有机式新概念产品，从而赋予新产品完全不同的价值。举个例子来说，在农业上，通常会把一种植物的枝或芽，通过技术手段嫁接到另外一种植物的茎或根上，使二者长成一个完整的植株。这个植株就可以被称为“第三种产品”。

“第三种产品”跨界是在营销领域对这一概念的借鉴。比如平板电脑的出现，就使手机和电脑之间的界限越来越模糊，手机变得更大，而电脑却变得更小，在使用功能上区分度也越来越小，越来越像介于二者之间的“第三种产品”。

自从微软推出Surface系列之后，这类既像平板电脑又像笔记本电脑的设备就越来越多了。联想Miix 10就是这样一款介于平板和笔记本电脑之间的“第三种产品”（如图7-2所示）。表面上看它是一部平板电脑，但与品牌标配的键盘连接在一起后又能变身成笔记本电脑。

图7-2 联想Miix 10

联想Miix 10非常适合需要经常外出办公的商务人士，因为联想Miix 10能够享受到完整版Windows 8带来的办公上的便捷，而且它可拆卸的平板主体很适合给客户做演示。接上专用键盘就是一款笔记本电脑，极为轻便。

Miix 10重量仅为580克，拿在手上能明显感受到比iPad的650克左右要轻上一些。而且，Miix 10的屏幕大小达到了10.1英寸，这样的尺寸要比一般的平板电脑大一些，同时又比笔记本电脑小一些，既方便携带也方便操作。

另外，方便实用的键盘产品皮套是其一大亮点，这个皮套通过塑料卡扣与本体固定，通过接触式金属触点与本体相连。皮套内侧有标准键盘区域，采用巧克力键盘风格，手感要比触控好很多。总的来说，此款产品受到了商务人士和年轻人的青睐。

由此可见，能把“第一种产品”和“第二种产品”结合起来，将其优势融合在一起，这样的产品将更能赢得市场。不过，“第三种产品”的成功是一项技术活，两种产品必须具备一定的共性，否则就不具备跨界的潜质，做出来的产品就会“四不像”。

也就是说，如果不能进行“打碎”和完美的融合，即使拥有技术的优势，找准了“第三种产品”的定位，也难以取得理想的成效。另外，这种产品跨界必须以顾客为中心，完全放下所有的定势思维，以目标消费者的多样化需求为产品设计的出发点。这样的产品在形态上是一个新概念，也更加符合顾客情感诉求上的定义。

所以，我们应该明白，强调“我这个产品怎么样”已经不重要了，重要的是“怎么样”基础上的“是什么”。也就是说“第三种产品”首先必须具备高品质，但高品质只是它的“地基”，“是什么”才是上面的建筑部分。虽然“第三种产品”看起来很简单，但是它考量的是企业的综合素质，其对从业者的知识结构要求越来越高，需要对更宽阔的领域有足够深入的了解，是对市场和相关产品领域集约之后的粗放与粗放之后的集约相结合的产物。

总之，一个集多项功能于一体的产品，更容易满足使用者的需要。比如，现在数码单反相机的流行就因为它兼容了传统胶片相机的高画质和数码相机的操控感。企业一定要明白，行业发展的终极模式一定是“第三种产品”占主流，因为只有真正的“第三种产品”才能满足市场革命的需求，这是必然的趋势。

跨界边界产品，让企业起死回生

在当下企业面临转型的时期，尤其是在加速经济结构调整和转型升级的政策下，很多企业面临空前的转型压力。此时，如果企业转变太慢，就有可能被淘汰，因为一款革命性产品的诞生往往会消灭同行业的其他产品。比如，手机的出现就让BP机、小灵通等消失了。

那么，企业在市场转冷的时期如何变通才能迎来春天呢？跨界是一种“应急”的营销策略。当然，跨界并不是要求企业放弃原来的主打产品，而是通过边界寻租来开辟一个全新的细分领域，企业只是更加侧重于这个细分市场的经营，并以此巧妙化解发展所遇到的瓶颈，使企业转危为安。

例如，当数码崛起，胶片时代逝去时，日本富士在经历了多次“生死劫”之后，转向化妆品领域成为一种不得不进行的跨界挽救措施。富士把生产胶卷的技术应用到化妆品产品中，实际上是对技术的另类跨界延伸。

我们知道，同样是遭遇数码风暴，全球两大胶片巨头却命运迥异——美国柯达宣告破产退出历史，日本富士却“二次创业”重获新生。为什么柯达破产而富士胶片却能够破茧成蝶呢？这就是跨界所带来的效果。

随着数码技术崛起，传统胶片大幅萎缩，2000年胶片业需求量达到顶峰，之后每年以20%~30%的幅度锐减。富士胶片因此不可避免地来到生死存亡的时刻，此时核心市场消失，是苟延残喘还是主动变革？

富士胶片曾经寄希望于数码相机业务，可发现数码相机业界的技术“黑匣子”并不多，企业很难形成独有技术，取得错位的差异化发展。2003年富士胶片开始谋求彻底转型，并进行了整整两年的调查。

两年时间里，富士胶片一直寻找具有成长潜力的事业，调查主要围绕三点：是否有市场前景，是否拥有足够竞争性的技术，技术是否具有可持续竞争力。公司最终选择了医疗／生命科学、印刷、影像、光学元器件、高性能材料、文件处理这六大重点的事业板块。

富士很清楚自己的技术核心，例如一片微小的胶片，重复交叠着20多层感光层、100多种化合物，以及各种功能性粒子，而胶片的主要成分是明胶，胶片片基是TAC膜。富士不断从传统影像业中汲取养料，将几十年积累沉淀下来的胶片技术成功复用到其他领域。

富士胶片将胶片专业技术用于开发薄膜，并将其用于电脑、电视机及其他电子设备的LCD面板。这项业务已经成为富士胶片最具竞争力的业务之一。另外，富士还开发全新涂层构造的太阳能电池背板保护膜，3倍于传统产品的高耐久性，让室外的太阳能电池不受伤害，让背板生命力更加持久。

富士胶片最值得关注的一项跨界业务是化妆品牌——艾诗缇（如图7-3所示）。这个出身于富士胶片公司旗下的化妆品品牌，几年来，以其有特色的抗衰老功能风靡日本。用来防止照片褪色的抗氧化技术，也是化妆品中不可或缺的基因——因为照片褪色和人体肌肤因缺少胶原蛋白而老化的原因如出一辙。

图7-3 艾诗缇化妆品

富士将胶片当中的各种技术加以应用，不仅开发了X光诊断系统、内窥镜、图像信息系统等，还延伸到了包括护肤品、保健品在内的预防领域，以及包括医药品和再生医疗在内的治疗领域。富士的这种跨界边界产品的转型取得了巨大的成功。

如今，跨界已成为传统企业转型的必由之路，只有及早地进行跨界产品的研发工作，才能在未来的市场格局中占得先机。之所以讲边界，是因为企业在新的领域是一个后来者，这里面的游戏规则、文化、消费习惯等对它来说都是陌生的，虽然在主业领域很强势，但在此处它绝对是个弱势品牌。

所以，要想取得边界产品的成功，就必须对所跨行业有一定的了解。在整合各种资源的前提下，进行细致的跨界营销策划，对优势资源进行有利嫁接，并将劣势转化成优势。就如富士一样，将自己在胶片上的技术运用到化妆品上，从而取得跨界的成功。

产品跨界，不妨玩玩“大杂烩”

我们知道，企业主要通过营销来获取利润。不过营销只是外在的表现形式，盈利与否归根结底还是取决于企业产品的好坏。因为再好的营销如果没有好的产品做支撑，消费者也不会买账。即使产品通过某种营销方法成功交易，也只是一时的，顾客最终还是会感到失望，并从此对企业的产品和相关品牌失去信赖。

所以，企业要想持续增长，就必须取得消费者的信任并建立持久的忠诚度。而这些依旧要靠产品。尤其是企业进行跨界时，产品的质量更为关键。通常企业为了发展，会从自身经营的领域跨入到一个陌生的新领域。这时，一个好的产品是跨界成功的基础。

那么，企业如何在跨界中做好自己的产品呢？不妨像迪士尼消费品公司一样，来玩玩产品的“大杂烩”吧！

迪士尼消费品公司（DCP）是一家从制作动画、电影跨到其他附加产品的企业，其涉及的产品范围非常广，就像一个“大杂烩”。而且，在所有的“大杂烩”产品中，每一个产品都取得了很大的成功。

DCP与其他公司存在着很多不同之处，这也许是它能够取得成功的原因之一。例如，其最大的不同就是没有设置市场部。DCP的总裁认为，他们不做市场预算，也没有市场部，有的只是产品。因为好产品与好营销是同一个概念，而营销则大部分是通过产品来完成的。

这种理念，使DCP成为娱乐巨头迪士尼的财务增长新引擎。DCP的产品经理和研发人员们与特许经营商们有一个共同的任务，即一起设计迪士尼品牌的新产品和种类，从图书、杂志、出版、互动游戏到零售商店等，都是他们考量的领域。就是这样没有规则的"大杂烩"，让迪士尼的产品零售额在短短几年内从100多亿美元快速拉升到210亿美元。

在打造跨界产品时，DCP很好地利用了已有的卡通角色，目标直指女孩子这一主力消费群。DCP决策层认为，公司有不少卡通角色对女孩子有特别的吸引力，很多角色在她们心中已经有深厚的基础，可以把这些角色全部集中起来，让它们"穿越"跨界。

例如《阿拉丁》中的茉莉公主，《小美人鱼》中的爱丽儿公主，以及《美女与野兽》中的贝儿公主等，它们以前都"生活"在彼此独立的影片中，现在则要让它们互相"认识"，并且让它们出现在独立于原电影情节的集体生活中。

在情节和角色上，公主们原本毫不相干，它们的童话世界仿佛存在于不同的空间，如今却彼此"客串"，一起"发力"女孩市场。虽然看起来不伦不类，但是这个混搭型"公主系列"却将原来的公主系列在全球的零售业绩从3亿美元提升到30多亿美元。

跨界后，白雪公主、灰姑娘的人气直追"明星人物"米老鼠和小熊维尼，一跃成为迪士尼的第三大畅销产品线，而在此之前，DCP 80%的收入来自米老鼠、小熊维尼和其"搭档"们。可见，这样的跨界产品让DCP获得了更大的品牌影响力。

从案例中我们可以得知，DCP的跨界似乎毫无章法。管理层们好像也并不在乎什么逻辑，他们的任务就是不断地发现新的市场需求，然后把这些新需求转换成消费者中意的产品。

当然，这并不是说DCP打造“大杂烩”产品凭的是天马行空的想象，它拥有一套科学的人口统计和严密的市场细分系统，通过这个系统，公司能统计出新的产品线所在的市场是否存在空白点。一旦找到空白点，就迅速利用起来，把它转变成产品营销的机会。

我们都知道，产品是企业市场定位和品牌定位的载体，企业所有的品牌承诺最终都需要通过产品来兑现。产品定位需要以市场定位为基础，在目标消费者心目中创造一定的特色，赋予个性化的形象，以适应他们的需要和偏好。

DCP的跨界产品也遵循这个准则，“大杂烩”正是在准确的市场定位下展开的。从市场逆流而下时，怎么做并不重要，因为原来的主角是虚构的，情节是杜撰的，因此再进行整合性虚构和杜撰也没什么，顾客才不管商家怎么做，他们要的只是快乐。

总的来说，迪士尼模式的衍生产业是一个有机的模板，其中“大杂烩”跨界把它的产业非常完美地串联起来，统合了各种优势资源，体现出优质产品的聚合效应。可见，企业“大杂烩”跨界是可行的。只要充分了解客户需求心理，进行精准的市场与客户定位，再富有创意地开发新产品，以核心产品为支点，把常规动作运用到创新领域，跨界就会不同凡响。

第八章
跨越渠道，开辟营销的新天地

在企业营销中，人们常说："渠道为王。"可见渠道对企业的重要性。随着移动互联网的发展，渠道也发生了变化，包括线上线下在内的渠道越来越多样化。渠道越广，意味着价值越大。因此，企业必须尽可能地建立跨界渠道，多接触用户，为企业带来更多的利润。

移动互联网，促进渠道的扩大化

在这个渠道为王的时代，所有企业都在积极地变革自己的渠道。从传统商业渠道，到互联网渠道，再到移动互联网渠道，转型速度可谓越来越快。在高速的发展中，移动互联网渠道跨界将接棒PC互联网，将原先已经初见规模的全渠道网络格局全部转移到移动互联网上。新的移动互联网渠道跨界，将会支撑起整个社会的商业模式和业务基础。

我们知道，在传统商业社会中，业务节点之间的连接不紧密，信息和商品的流通是封闭大于流畅；到了互联网时代，PC把商业社会连接起来，信息和商品流通更加快速高效，但离开这个平面就会迟滞；进入移动互联网阶段，互联网这个平面里出现了很多节点，信息、商品、组织、人都变成一个个清晰的节点，点和点之间的连接更快、更高效。这是未来移动互联网渠道跨界的基础和方向。

随着移动互联网的迅速崛起，人们大多数的时间和精力都花费在各种移动终端上。比如互联网社交媒体，如微博、微信和无数APP。

1. 豌豆荚等APP的崛起

豌豆荚是一个超级强大的APP分发平台和分发渠道，同时又是一个APP搜索引擎，其想借助搜索引擎的模式分一杯羹。如果开发商开发了一款游戏，想在豌豆荚做推广，那么该游戏在豌豆荚总游戏80%~90%的收入将归豌豆荚所有。

由此可见，很多公司特别是游戏公司，其实都是在为豌豆荚之类的渠道打工。除此之外，360手机助手、QQ应用宝也纷纷推出，都想通过自己的用户建立渠道，使得应用和游戏厂商为其打工。足见渠道在移动互联网推动下的重要性。

2. 小米模式的庞大渠道

雷军一直说，小米不是一个硬件厂商，而是一个互联网公司。是的，小米不是一个硬件厂商，而是一个强大的渠道，小米手机等硬件只是个平台，做好硬件只是为了搭建一个好平台。2015年底，小米的终端用户已经超过1亿。如果再加上非终端的用户，保守数据将超过2亿。这个数据从一方面来讲，意味着小米出的任何应用，都会有最低1个亿的用户。试问，这是创业公司要奋战多少年的结果呢？许多公司用户不到100万就倒闭了。

我们假设，哪天小米心血来潮，说："我们做电子商务吧，我们做一个类似淘宝或者天猫、京东的C2C或者B2C的电子商务平台。"再弄一个内部推送，一夜之间将会有超过1亿的用户量。每个APP都能给小米带来巨大的利润，假设小米的手机不赚钱，但是如果小米推出10个1亿以上用户的APP，那么，这个市值将会有多大？这就是渠道的威力。

从豌豆荚等APP和小米模式来看，我们越来越发现在移动互联网上，通过社交媒体渠道来宣传和推广是一个大的方向，尤其是移动应用商店的推广渠道。因为要想让更多的人知道和安装自己的应用，就需要借助第三方的应用商店，比如豌豆荚、应用汇、PP助手等，以及苹果、小米等各自的应用商店。

因此，企业可以把自己的产品和渠道与这些应用商店进行对接。这些应用商店算是移动互联网基础建设的一部分，是跨界渠道推广的第一步，在吸引移动客户的眼球方面至关重要。企业要明白，渠道跨界要跟随社交化的发展步伐。所以，无数个性化、群体化的渠道会出现在社交媒体里，人到哪儿，渠道就在哪儿。因此，渠道会无处不在，而且会深具个性化特征。

总之，渠道跨界是移动互联网最终的趋势之一。移动互联网渠道的成败很大程度上在于能否尽可能多地接触用户，对用户有多大的影响力。移动跨界渠道建设更多的是要引进互联网的营销方式和传播手段，配合无线连接的精准定位营销，完成产品和品牌的推广。如此，渠道跨界才能为企业带来丰厚的回报和巨大的价值。

每一个新渠道，都有无限潜力

企业进行渠道跨界，意味着可以用更多的方式来推广自己的品牌和产品，同时也意味着用户可以通过更多方式获取所需的商品，比如线下的商场，线上PC端的各类网站、移动端的微信、商城等APP应用。这些渠道将企业和用户连接在一起，为双方提供了便捷的通道。

这些渠道都是畅通的，每一个新的渠道都充满了无限的潜力，这为渠道的跨界提供了有利的基础。如今的“渠道”不仅是一个产品销售的通道，还是一个立体化、全方位的“渠道空间”。通过这个空间，企业不仅可以销售产品、推广品牌、传输企业的理念和文化，还可以将自身打造成社会关注的“爆点”，从而获得消费者的关注。

移动互联网的发展，对企业起到了很大的促进作用。不仅让企业实现快速的规模化发展，而且有助于企业拓展思路，制造创新的机会。而进行渠道跨界，更是给企业带来了互联网、线下供应、企业后台以及门店或公司分部整个链条的联结畅通。也就是说，在互联网的背景下，企业的决策会更加精准。

渠道的跨界有两种方式：一是两个或者多个企业或品牌基于自身的渠

道共享进行合作；二是企业自身或个人进入不同行业领域，在每一个领域的渠道中切分蛋糕。两种方式各有侧重，但本质相同，即都是借助新的资源或寻找新的合作伙伴，共享资源，实现共赢。

良品铺子就是一个很好的例子，其着力构建自己的全渠道格局，建立了“实体商圈+互联网商圈+社交商圈”的渠道经营模式，取得了良好的发展。

良品铺子是一家集休闲食品研发、加工分装、零售服务为一体的专业品牌连锁运营公司。其核心竞争力体现在全渠道零售服务模式的实现上。所谓全渠道零售，就是消费者可利用任何渠道，如实体店、呼叫中心、互联网以及手机等，随时随地随意购物，有效借助各渠道的销售场景和服务特性，更大程度地满足消费者的不同类型的消费需求。

为此，良品铺子建立了打造好互联网商圈、做好实体商圈的体验服务、融入消费者个人社交商圈的理念。目前，良品铺子有超过1600家实体门店，实体商圈在持续拓展，互联网商圈也在努力完善中。并通过互联网商圈和实体商圈，形成很多不同的重合点。

互联网商圈和实体商圈，也就是所谓的线上和线下，是指在不同场景下，为顾客提供一个进入消费的窗口。通过这样一个链接，或者通过任何一个第三方的网站，顾客能够快速地链接到良品铺子的后台形成消费。未来要把二者整合在一起，不管来自哪个渠道，都能给顾客提供一致性的、完整的购物体验。

我们知道，在消费者主权时代，消费者的行为习惯已经发生了变化，人们更习惯于用碎片化时间去做小金额、冲动性的消费。例如在网页上弹出一个促销提示，可能用户点进去后就完成了一次交易。对于这种冲动性的消费，消费者能够很快达成交易。所以，移动互联网，尤其是各种APP的应用，也是良品铺子大力发展的一个渠道。

另外，现在消费者个人社交商圈非常活跃，消费者口碑宣传的成功率远比线上打折促销来得更快、更实际。因此，线上社交商圈成了良品铺子挖掘的重点，目前良品铺子已经在37个线上平台都入驻了旗舰店，可以保证顾客通过关联搜索进入整个平台，这是布局全渠道重要的步骤。通过这些措施，良品铺子基本建立了其全渠道的格局。

这些渠道相互融合发展，为客户提供个性化的服务，使客户能随时、随地、随意地享受良品铺子的产品和服务。不过，全渠道的布局最终指向的还是产品本身。每一个渠道，都是良品铺子与消费者连通的触点，生产满足消费者需求的产品同样不可忽视。

总之，渠道的跨界和不断推广，必然会带来行业的不断整合，从而促使渠道商的整合，整合的结果就是线下线上的O2O模式。把传统渠道整个打翻，形成跨界的全渠道链条，这已经成为一个不可逆转的趋势。

所以，对于企业而言，渠道变了，企业的市场运作思维也要跟着变，整个产品的营销推广模式也需要进行相应的变化。这种变化不是小变化，而是一种系统性的变革。企业如果仍旧过度依赖传统渠道的经营模式，被淘汰出局的风险就会越来越高。

渠道跨界现象的出现，是不同行业市场“生态”的自然反映，无论介入哪个行业，都会冲击原有的行业格局和市场，并重新建立起新的格局。渠道变革初期，品牌之间比的是速度；渠道变革中期，品牌之间比的是渠道的宽度和广度；而渠道变革深度化之后，品牌之间比的则是“大鱼吃小鱼”。可见，市场是无情的，企业必须适应新时代下的渠道思维，才能出奇制胜。

跨界带来更精准的客户资源

任何时候，客户资源都是企业开展各项经营工作的基础和前提。掌握的客户资源越多，也就意味着企业的销售渠道越广。然而，有些企业拥有很多粉丝，关注度也比较高，但是能够真正成为企业客户的却并不多，这是为什么呢？

其实，关注你的人多，并不代表对你的产品有需求的也多。也就是说，被你的产品所吸引的很多客户不够精准，这些客户很难成为真正的购买者。因此，在移动互联网时代，企业应该把握好跨界思维，运用跨界去吸引更多更精准的客户。三只松鼠在这个方面做得很成功，充分利用跨界合作吸引了更多的粉丝。

三只松鼠是一家电子商务公司，主要以销售坚果、干果等森林食品为主。它不仅有自己的官网，还有天猫、京东等旗舰店，多渠道为用户提供更多优惠和特价产品。三只松鼠刚问世，就吸引了大量消费者的关注，而且还因为其独特的品牌含义和森林食品的概念，受到很多风险投资机构的青睐。

只要打开天猫或者京东的三只松鼠旗舰店，你一定会被它萌萌的页面所吸引。在这里，你既能看到三只松鼠的标志性LOGO，也能看到各种各样的优惠活动广告，以及各种各样秀色可餐的坚果图片和卡通松鼠形象。（如图8-1所示），让你忍不住想要购买。

图8-1　三只松鼠京东页面

三只松鼠旗舰店的销售状况非常好，但是为了获得更好的发展，三只松鼠决定利用跨界思维来吸引更精准的客户资源。于是，它携手视频网站，如乐视、优酷、搜狐等，跨界打造系列动漫产品，定期为用户送去精彩的动漫节目。

例如，2015年三只松鼠与乐视动漫合作推出的“超级零食包”在乐视动漫平台强势登陆，并且专供乐视渠道。这一创新在炎炎夏日为乐迷们带来了边看边吃的新体验。

三只松鼠的动漫视频推出之后，可爱的松鼠形象和有趣的节日内容瞬间吸引了大量网友，这为三只松鼠带来了更多的精准用户。其成功主要有以下三个原因：

（1）喜爱吃零食的用户大都是女性用户，尤其是那些追求舒适生活的白领女性。喜欢在视频网站中观看这类萌系动漫的也是一些女性用户，所以客户群体非常吻合。

（2）女性用户一般比较喜欢分享身边的事物，尤其是好吃好玩的东西。比如通过微信、QQ等发布分享，这极大地推动了三只松鼠的口碑营销。

（3）观看这些动漫的用户大都是一些互联网爱好者，喜好新鲜事物，他们有能力也乐于通过网络来购买产品，与三只松鼠的定位相符。

因此，三只松鼠通过这次跨界营销获取了大量精准的客户资源。一边是处在视频行业第一梯队的乐视动漫频道，一边是互联网第一零食品牌三只松鼠，双方的“牵手”产生了一系列的“生态化学聚变反应”，不仅扩大了双方的客户资源，而且找到了各自的精准客户。

2016年，三只松鼠和乐视动漫继续升级合作，为广大乐迷推出价格更为优惠的独家“超级零食包”。这是继第一批“超级零食包”取得跨界成功后，又一次携手合作。此次升级版超级零食包不仅升级了内涵，而且还增加了品类。从四款升级到五款，价格保持不变。

三只松鼠表示，独家“超级零食包”就是要为粉丝和用户带去实惠，让用户享受最具性价比的产品。升级版零食包正式上线后，用户可以在乐视动漫独家渠道直接购买产品，并参与活动、享受优惠。此举不仅增加了乐视动漫的点击量，还提高了三只松鼠的销售量。

乐视在打造完整生态上不遗余力，一直以来努力打造最具良心、最具创造力、最有商业价值的行业领先互联网动漫品牌；而三只松鼠通过这次升级合作，刷新了行业纪录，成为当前中国销售规模最大的食品电商企业。

跨界“第三方渠道”，助企业去库存

随着科技的发展，大批量生产方式越来越普及，生产效率不断提高。这不仅推动了工业自动化进程，而且为社会创造了巨大的物质财富，促进了市场经济的形成。如今，各行各业都存在产能过剩的情况，许多企业的产品过量积压，去库存就成了企业的当务之急。

那么，如何有效地令库存商品顺利“去化”呢？最常见的一种方法就是打折促销。当然，这并非是一种好的手段，因为打折促销毕竟是难以获取高额收益的，而且这种方法对于知名品牌而言是行不通的。

大部分知名品牌一般不会当着公众的面直接打折，它们或许会拿自己的副线品牌“开涮”，在店中显眼位置打出折扣信息，以吸引买家的注意，然后通过销售引导向消费者提供其他商品的折扣。这种不公开宣传优惠力度的做法非常普遍。

对于大众品牌来说，折扣优惠活动比较多，但是对于奢侈品牌，如果遭遇销售困境，就会骑虎难下。例如，爱马仕、香奈儿等品牌通常不会随意降低价格，宁愿“高处不胜寒”，也要保住品牌的高端性。

由此可见，促销和特卖并不适合所有企业去商品库存。而非常体面地以低成本获取渠道，并快速消化库存，才是很多品牌商追求的，因为这牵涉到他们能否通过去库存来获取流动资金。跨界就能提供这样的渠道。也就是说去库存可以通过以下跨界方法来实现：

1. 利用圈子，进行跨界营销

通过企业积累的人脉圈子和粉丝，最大限度地发掘、拓展客户。比如酒企可以跨界各个饭店。我们知道，饭店对酒水的需求是比较大的，如果酒企能够通过人脉供应多家酒店，那么，就能有效地解决库存问题。

2. 跨品类整合，“一站式”团购

充分利用节假日进行促销是现在很多企业的做法。比如在传统的节庆或者假日，企业可以联合其他品类的经销商，进行联合促销。这样一方面可以吸引更多的客户，另一方面也确实能提高销量，达到去库存的目的。

3. 跨行业易货，各取所需

和自己的关联单位或者合作企业易货。同样以酒企为例，比如与长期合作的广告公司、供应商易货。这样既解决了酒企产品的销售问题，也解决了关联单位节庆、接待用酒的问题。

可见，跨界能够很好地促进销售，让库存“去化”。下面我们以电脑品牌商A跨界“第三方渠道”为例，说明跨界对去库存的作用。

电脑品牌商A在去库存化上，走了一条截然不同的路线——要品牌形象，也要销量。也就是两手都要抓、两手都要硬的跨界战略，通过跨界“第三方渠道”，定点、定时、定人、定量、定价格地清理库存商品。

A借助某品牌打折网站对会员顾客以低价出售“特定”商品，所有顾客在没有现有会员邀请的情况下，是没办法加入到“特定”买家行列的，

只有经过老会员的推荐，并得到网站的审批之后才能获得会员资格。

这种渠道大大提高了商品的覆盖范围，安排限制性措施来满足不同会员的需求，相当于确立了另一种身份与品位识别体系，这样不但能够帮助企业快速回笼资金，而且能起到品牌宣传的作用。

与A合作的购物网站很早就开始以低至两折、三折的价格出售高端品牌的库存商品。限时销售的形式帮助那些“落单”的商品重新实现了价值，最重要的是能保证这些商品仍然以卖正价商品的方式和态度销售给消费者，丝毫不影响品牌的形象。

其实品牌商和消费者都爱“面子”，这个“第三方渠道”显然很懂得经营这两种心理，它不是打包处理这些库存，而是像打理一个崭新的品牌一样小心翼翼，通过设计和包装，甚至是制作精致的宣传短片，确保商品全面呈现给公众。这个渠道的“去化功力”非同一般。

A与网站达成的协议是，在限定的时间内，VIP产品销售专场，非网站会员不能参与买卖。在真正销售开始之前的36小时，网站会通过会员专享通道通知大家参加。商品往往是限量的，客户像购买正价商品一样，享受同样的服务，当然也可以取消订单或者退货。不过，A的库存商品通常会被抢购一空。

从案例中可知，A跨界“第三方渠道”去库存无疑是非常成功的。对于A来说，“第三方渠道”不仅提供了宣传与商品流通平台，还提供了大量客户资源。A可以与“第三方渠道”建立深入的合作关系，如给“第三方渠道”提供更具优势的商品，或者彼此联手做商品推广等。

可见，一个好的渠道商可以帮助企业有效地完成去库存指标。因此，企业需要好好扶持“第三方渠道”。充分利用“第三方渠道”去库存，这种正确的渠道跨界值得所有企业学习。

跨界促进企业渠道向扁平化发展

在经济全球化的形势下，“得渠道者得天下”的观念已为大多数人所接受，可是随着传统销售渠道的拓展，供应链变得越来越长，企业的利润被层层剥分。因此，在这个买方市场的经济环境中，在竞争越来越激烈的微利时代里，企业不仅应通过销售渠道扁平化来夺回部分利润，也必须通过实现渠道扁平化来加强对目标市场的了解和控制。

所谓渠道扁平化，就是指以企业的利润最大化为目标，依据企业自身的条件，利用现代化的管理方法与高科技技术，最大限度地使生产者直接把商品出售给最终消费者，以减少销售层级的分销渠道，达到提高自身利润的目的。

之所以要进行渠道的扁平化，是因为如今市场竞争加剧，造成企业经营成本高昂、利润下降。理论上说，通路越长，通路上各环节利润率越低，一旦市场竞争加剧，各环节在营销费用上的投入将会剧增，企业利润将会受到极大挤压，生存越来越难。要想生存，减少中间环节，提高单环节利润率就成为一种必然。

而要减少中间环节，一个高效率、低成本、高利润的渠道网络显得非常重要。可以说，扁平化模式是所有企业所需要的，尤其是在跨界潮流下，各个行业都应该开始进行渠道跨界。下面以化妆品品牌商C为例，来看看它是如何进行扁平化渠道跨界的。

化妆品生产企业C，主要业务是给品牌商做面部护理类产品的OEM。但是与企业C合作的品牌多陷入经营困境，在传统渠道上表现持续低迷，国际大品牌给它们造成很大压力，有的依靠借道OTC药店等渠道实施跨界渗透。不理想的行业形势，使企业C的OEM业务利润率越来越低，于是企业C决定自建品牌来实现突围。

作为一个新品牌，企业C不太可能通过常规渠道获得市场高位，唯一的渠道在于扁平化渠道跨界联盟。也就是绕开商场、超市以及化妆品终端商店等主流渠道，借道企业联合进行区域市场的第一重布局。经过调查，企业C锁定的合作对象是影楼、中档女装店等边缘性渠道。

走这一条路，注定要与合作对象进行跨界协同作战，首先要思考的是怎样定位。将产品定位为中低端大众化化妆品最适合，这个定位也和影楼、中档女装店的主要客户群体吻合。有了这样一个匹配度，在销售上就比较容易形成良好的互动效应。

另外，虽然企业C的目的在于推动化妆品销售，但在合作伙伴那里，这只是“副业”。通过影楼、中档女装店等渠道来从侧面带动化妆品销售，是它们主业的延伸销售和关联销售。如果定位不准，企业C产品根本没有机会成为这些渠道的优先推售对象。

针对这个问题，企业C首先与他们结成稳定的合作联盟，将企业的化妆品品牌商标，统一的终端形象设计和装修，装潢方案提供给合作方，而合作方对于这些店面形象升级和改造的做法也乐于接受。

其次，企业C还积极采取促销方案以帮助合作伙伴提高业绩。比如，对方的顾客在常规消费过程中，根据消费额度的不同，购买化妆品均可享受不同程度的折扣优惠，同时B企业也可以以推出新产品为契机，向对方的主要顾客赠送试用装化妆品以配合促销。

拥有企业C化妆品会员卡的客户在企业C合作伙伴那里购物可以享受同样的积分、打折、返利等优惠。合作商的客户持相应的会员卡在购买化妆品时也可以享受同样的服务。这样就最大限度地拓展了客户资源，同时也建立了一种跨渠道的顾客忠诚度管理体系。

企业C凭借着这些措施，在上游打造一流的产品力，从而保障在渠道力和促销力的综合作用下，不断提升品牌力。并在中长期定位中，以满足客户个性化需求为基础，真正做到了精细化、专业化和高品质，真正发挥出了跨界渠道的价值。

经过一定时期的运作，企业C与这些店面结成了稳定的同盟，渠道扁平化跨界使其在区域市场中占有一席之地。

从案例可以得出一个启示：渠道的成功有时候就意味着品牌的成功。不管是新兴品牌还是成熟品牌都需要一个多元化的渠道网络，建立起以多种渠道为差异化优势的经营模式是必不可少的选项。而扁平化已是当今渠道发展的大势所趋，企业应该顺应这一趋势，及时调整自己的渠道策略，以更好地适应经济、文化环境的内在需要和消费者不断变化的个性化需求。

跨渠道的扁平化能够帮助企业有效地避免覆盖过剩或者覆盖不足的问题，从而将有限的资源合理配置到目标市场区域。多元化的渠道联盟，可以调动经营者的责任感，提高执行力，让消费者在不同渠道上对主营产品保持一致的品牌体验，通过不同渠道的跨界经营不断加深消费者的品牌认知。

一个营销战略的落地需要有系统化的思维，渠道跨界也不例外。渠道这只“看得见的手”做得好，品牌这只“看不见的手”才会走得更远、做得更大。渠道扁平化是对渠道的结构整合，而不是将渠道“一刀斩去”，其实质是削减冗长无用的环节，在企业与用户之间构筑一个完整、有机、高效的网络体系。只要企业在销售渠道的扁平化方面，务实地、纵深地挖掘下去，就能取得突破，并在今后的激烈竞争中握有制胜的筹码。

渠道跨界，把握分寸才能实现双赢

渠道跨界就是企业相互借势，利用不同渠道在行业间的影响力和渗透力，进一步扩大品牌知名度，促进商品销售。一般来说，新企业或成熟企业都有很大的操作空间，彼此都需要拓展多方渠道，共享客户群和传播资源，从而创造一种全新的联合营销模式，也就是进行渠道的跨界合作。

有了这样全新的渠道营销模式，企业将不再从竞争对手那里抢市场，而是到相关领域接近并主动培养消费者，通过跨界合作扩大品牌影响力范围和产品销售力覆盖区域。可以说，多元化的渠道经营方式，为企业在不同的战略和战术层面上进行营销活动提供了便利。

不过，企业进行渠道跨界最重要的前提是能够实现双赢。因为跨界渠道的合作不同于常规的商业合作，它没有经验可以借鉴，所以，企业需要谨慎进行。一旦跨界成功，就能帮企业解决大问题，且通常是常规渠道无法解决的问题。

渠道上的联合就是将其中有效互补的市场潜力挖掘出来，把其他品牌的商品整合到自己的渠道上，将自己的产品晒到其他品牌的渠道上，让买家觉得捡到便宜。有时候，也许企业苦心经营的主渠道在实际操作中并不受用，在别人的渠道却大受欢迎。大神Note3手机的跨界，就实现了双赢。

2016年，大神Note3高配版手机（如图8-2所示）在营销推广过程中，首次尝试与上百家企业进行联合营销，从规模与收效上再次将跨界营销推上了全新的高度。

图8-2 大神Note3手机

大神品牌在岁末营销黄金时间点推出了“我送手机您涨粉”的合作计划。以大神Note3高配版手机作为奖品，设计了一整套可以迅速复制的跨界营销模式，成功与京东、中国移动、中国联通等上百家知名企业微博、微信展开互动营销，堪称以最小的营销成本，收获最大的营销效果。

在活动过程中，当一大批制作精良、内容走心的活动海报在新浪微博投放以后，迅速吸引了大批微博网友的争相转发。大神Note3高配版手机成功收获了用户关注，而作为合作方的100多家企业的官方微博则在活动过程中收获了大批粉丝关注。

这100多家企业的自身影响力固然是活动成功的基石，但大神Note3手机的诱惑力是推动整个活动快速扩散的原动力。

从市场定位来看，大神手机主打年轻人群，包括大神Note3手机在内，其推出的产品无论是从设计理念，还是从功能配置方面，都融入了青春、活力、时尚的相关元素。这与微博平台的主力用户人群高度重合，于是便有了“一呼百应”的跨界营销效果。

从案例中可以得知，大神Note3手机把握了与跨界企业的双赢分寸，让跨界合作企业在自己的渠道上诚心诚意地为自己宣传商品，帮助推广产品和品牌。实际上，这也使得跨界企业得到了更多的关注，创造出了更有效、更符合双方特点的渠道体系。

跨界渠道的作用是相互的，渠道之间或者渠道商之间是一种密切的相互协作关系，原来在制造商和经销商之间高度的相互依赖性，转移到平行的合作伙伴之间，合则两利。也就是说，一件商品在一个渠道往往只有一个折扣，顾客的优惠有限；而跨界之后，享受的折扣和优惠就会更多，不但在同一个渠道可能享受折扣，而且在另一个渠道也能享受相应的优惠。

总之，在渠道跨界中，企业要完全从“双赢”的立场出发，对彼此的渠道体系进行整体设计和规划，以增强渠道的反应能力，确保信息在渠道中准确地、有效地流动。此外，还要强化对主渠道的控制力，以双方认可的合作模式建立有效互动，以规范化的运作方式保证渠道正常运转。有控制力才能更好地发挥协调性，也才能实现跨界各方的“共赢”。

多渠道跨界，企业之路越走越广

在营销推广中，渠道之间的合作和整合是大趋势。在优势互补、风险共担、利润共享的基础上，渠道跨界应该更上一层楼，即渠道组合和组合之间进行更大范围的跨界，最后形成一个全方位、全覆盖的立体化生态圈。

不过，建立全渠道生态圈不是一蹴而就的，而是需要随着移动互联网和多种生态圈的搭建和成熟，一步一步形成。在移动互联网、大数据和云技术的基础上，这种生态圈形成的速度也许会比较快，其中孕育着巨大的机会，但同样包含着巨大的挑战。

在跨界渠道形成前，单个渠道的推广中就存在非常多的灵活方式。比如企业或个人在论坛上的推广，就通过互动的方式逐渐形成了自己的圈子。又如促销活动，也是一种成效快的推广方式，每到节假日促销、低价、免费盛行，非常吸引消费者的眼球，产生的利润也较高。

另外，广告投放不断扩大范围。由线下到线上，比如在搜索网站和人们爱逛的网站，以及在手机APP应用投放。此外，社交媒体，如微博、微信、QQ等平台的推广效率超强，成本几乎为零，是渠道商可以深耕的渠道。

其实，这些渠道背后都隐藏着无数的渠道跨界行为，每一个看似单一的渠道后面实际上都汇聚了很多行业中不同企业的渠道。渠道的跨界可分为传统企业的跨界、互联网巨头的跨界、其他互联网企业的跨界以及名人或明星的跨界。比如，真功夫就积极寻求多渠道的跨界活动。

每当节假日来临，各快餐企业就会纷纷推新品或优惠。真功夫结合秋季时令，以“绝对滋养、开心待‘补’”为主题，推广经典产品原盅蒸炖鸡。在国庆节期间，上市谷香燕麦饭、荔枝红茶豆浆、香芒椰果布丁、烧汁嫩骨鸡肉串4款新品。

之所以推出“绝对滋养、开心待‘补’”的主题餐，是因为很多上班族都忙于工作，无暇顾及身体，但是吃好每一顿工作餐很关键，真功夫希望美味营养的产品能为白领带来更多健康。

此外，真功夫还积极拓展多渠道合作，与京东商城、招商银行等企业大玩“跨界”，锁定白领消费群。活动期间，购买真功夫原盅蒸炖鸡套餐，即可获赠“真功夫&京东开心待‘补’卡”，凭此卡可兑换真功夫免费食品和10元京东券一份；京东会员则无须消费，用20积分即可兑换真功夫8元原盅蒸炖鸡代金券。而招商银行信用卡用户，只需凭招商银行相应促销手机短信，就享有购买真功夫招牌饭原盅蒸炖鸡套餐立减8元的优惠。

此次“跨界”合作，真功夫与京东商城、招商银行都有相当部分共同的目标消费群，如白领、商务人士等，合作有利于双方扩大潜在的消费群，达到资源共享、强强合作的效果。

除了联手京东商城、招商银行外，真功夫还将目光瞄准了网络互动营销，悄然织起了“围脖”，以更亲民的方式拉近与目标消费群的距离。

结合“绝对滋养、开心待‘补’”的活动主题，真功夫借助微博，广发待“补”令：国庆期间，如果网友“加关注”，成为真功夫微博粉丝，转发相应微博，即有机会免费获赠原盅蒸炖鸡套餐一份。为吸引更多网友参与，真功夫还联合新浪开展“秒杀”活动，在新浪秒杀团进行每周一次1

元“秒杀”原盅蒸炖鸡的活动。

在信息时代，企业与消费者之间的沟通不再是几次广告、一场活动那么简单，微博等网络互动，让两者之间的沟通变得更加快捷和直接。消费者通过真功夫的微博，可以更快地、更直接地了解企业动态、优惠，加强彼此互动。

当然，做好跨界渠道并不容易。渠道的跨界与推广和企业之间的团队背景、推广方式、产品情况以及各自产品对应的用户需求都会有很大的关系。有些渠道多的企业，可能渠道质量不是那么好，而有些渠道质量好的企业，可能推广又做不起来。

因此，在渠道跨界建设中，双方是否有相同的理念决定着渠道跨界的成与败。比如，单纯地强调以企业和产品为中心的理念与单纯地强调以消费者为中心的理念，都是无法展开沟通与合作的。企业渠道建设应该从以产品为中心向以消费者需求为中心转变，从过去关注企业自己向关注消费者本身转变。

另外，在渠道跨界合作中，企业彼此之间需要通过产品对消费群体重新进行定义、整合与分类，以求产品能在另一家企业的行业和市场中受到认可。而且渠道双方企业也要注意对方产品在本地的适用性和消费者的接受度。渠道合作中，可以尽量寻找品牌和产品之间的跨界渠道营销，比如各家合作方在产品设计和市场营销之间有没有什么共同点，产品所面对的消费者群体是不是类似，用户体验是不是差不多。

总之，多渠道跨界是一种方法和手段，其目的是为消费者提供所需、所得、所感。因此，对于渠道跨界来说，只有把整个营销的工作植根于消费者需求这一点上，才能更好地发挥多渠道的作用。尤其是企业和企业、品牌和品牌的渠道合作是否相互信任、有默契，能否互相借助对方的资源扩大品牌的影响力，决定着渠道共享合作是否能够顺利进行。

第九章
勿踩“雷区”，跨界营销有风险

所谓“画虎画皮难画骨”，企业跨界往往也是如此，也就是说，跨界的形式易学，但跨界思维不易学。而且还很可能踩到“雷区”，跨界不成，反而令企业深陷泥潭。所以，企业跨界切忌心浮气躁，而要把握好发展方向和战略，改变固化思维，做到尽善尽美。

跨界营销要避免“虚有其表”

随着消费者的消费观念向个性化需求演变，市场竞争不断升级，产品功能快速更新、优化，速度与激情成为时代发展的必然节奏。为了占据稳定的市场，培养客户的忠诚度，许多品牌毅然跨界联姻，不断完善精细化的优质体验，来满足大众多变的口味。

如今的跨界场面，看上去很强大，给人一种“强强联手，所向无敌”的架势。但真正运营起来，依旧会面临重重困境，需要企业全方位、多角度地深思熟虑。否则，很有可能面临品牌形象的破产。

所以，跨界需要细致洞察，更需要运用一种有效的方式。必须从不同行业、不同产品、不同受众的喜好出发，挖掘出这个时代的共同特征。利用自身现有的优势，开创新锐的市场，形成品牌张力。也就是说，跨界必须做系统、做战略、做深度，而不是虚有其表。

无论是行业的跨界，还是品牌自身的跨界，都不能有半点虚伪与骄傲。因为没有后续性营销操作，就不可能建立起成功的基础，到头来只会“竹篮打水一场空”。缺乏基础建设的跨界营销是不稳定的，如果只是虚有其表，跨界一开始就注定失败。

我们知道，以顾客为中心是所有企业应该遵循的法则。这也是跨界必须做到的，但这并非易事。如果企业不能全心全意为顾客服务，在跨界营销中就很难确立精准的定位。没有了精准的定位，执行起来也就难以做到位。所以，脱离了“以顾客为中心”的原则，企业在跨界中就很容易迷失方向、走弯路。

除了以顾客为中心外，跨界营销还应杜绝“自作聪明”和“争强好胜”，而要一步一个脚印地执行营销计划，千万不要有“贪小便宜”的想法。因为跨界营销的目的是通过跨越渠道“占尽大便宜”，如果企业看不到长远的利益，而被眼前的一时利益吸引，很可能会“丢了西瓜捡芝麻”，最后贪小便宜吃大亏。

古语云：“欲速则不达。”跨界营销也是如此。企业在跨界营销中不要总是盯着目标不放，也不要总是计较“我应该得到什么”，而要专注于“我能做什么”“我能不能做得更好”“能不能帮合作伙伴和消费者的大忙”。企业有了这样的思想之后，才会真正地想到为顾客服务，当企业的产品被消费者“需要”时，也就是企业的价值所在。

这就要求一些企业经营者在进行跨界时要有“长远思维”，将刺激短期销售与提升品牌美誉度结合起来，让企业和品牌的影响力在跨界营销中完成沉淀。只有厚积薄发才能更好地整合各种有利资源，从而实现跨界营销的突破性发展。

当然，每个企业都有自己的发展规律、运营规则等，并不是所有的特性都符合企业自身的战略需求，企业只有进行落地式营销才能整合好各个企业之间的差距。在考虑、衡量、选择的过程中塑造跨界的集聚效应。

总之，跨界要深耕细作，虚有其表注定不会长久。企业要明白跨界营销不是与一个或者几个固定的企业进行合作，或局限于某一次跨界活动就够了，建立一种可持续的有效互动机制才是最重要的。跨界对象和主题应该随着企业的战略调整而不断变化，这是一种可再生的商业模式。

跨界是趋势，但越界会造成颓势

随着市场竞争的日益加剧，行业与行业之间相互渗透和融合，我们已经很难清楚地界定一个企业或者一个品牌的“属性”。因为，跨界已经成为国际最潮流的字眼，跨界的风潮也愈演愈烈，代表着一种新锐的生活态度和审美方式的融合。

一个优秀的品牌，一般都能符合消费者的某种特征，这种特征很可能是单一的，受外界因素的影响也比较多，尤其是当出现类似的竞争品牌时，表现得更为明显。所以，只要找到一个互补性的品牌，就可以形成整体的品牌印象，跨界就成了自然而然的事情。

不过，跨界虽是趋势，但其“界”很难进行明显的界定，往往只是消费者和公众内心上的划定。这个“界”把握不好，会适得其反。跨界一旦违背了消费者内心约定俗成的规则和习惯，就意味着失败。

所以，成功的跨界营销必须建立在充分尊重消费者的基础上。如果一个治痔疮药品牌跨界到口服液产品，或是胃药品牌跨界到啤酒等，必然会违背消费者的习惯和心理感受。这样的跨界不仅不能提升新产品的知名度，还会降低原有品牌的影响力，得不偿失。比如舒洁卫生纸的跨界就是失败的。

舒洁卫生纸曾经是行业中的头号品牌。然而，在其跨界到“舒洁餐巾纸”时（如图9-1所示），不但没有起到预期的效果，反而使品牌大打折扣。其实，纸的质量并没有发生太大变化，变化的是顾客的心理。这是为什么呢？

图9-1 舒洁餐巾纸

原来，顾客对舒洁的这种跨界感到不可思议，人们会产生疑惑：舒洁餐巾纸和舒洁卫生纸，哪一种是擦嘴巴用的？在这种想法的影响下，即便纸的质量再好，也难免让人心里接受不了，从而放弃购买。

其实，舒洁的跨界营销做得有声有色，不仅运用网络动画短片推出其旗下湿厕纸新产品，而且动画短片的主题也非常时尚——中国好厕纸，片中由“平角流”“丁字樱”和“三角林”三大内裤“客串”节目的评委，向公众展示其良好的产品性能。

营销推广取得的效果也不错，网络动画在国内获得了数以亿计的受众群体，舒洁湿厕纸透过这一媒介平台，以极具视觉冲击力的方式来宣传其新产品，加强了其品牌认知度，其中更是用心良苦地“嫁接”时下火热的幽默元素来讨好受众。

即便如此，舒洁的跨界行为也只是“聪明反被聪明误”，不幸被“虚假繁荣”冲昏了头脑。由于舒洁卫生纸在跨界的路上越界了，最终失去了纸品牌的头把交椅。

由此可见，跨界是把双刃剑，稍不留神就会伤到自己。舒洁卫生纸的失败，就在于忽视了人们消费中的习惯性认知，闯入了“禁区”，所以再好的营销、再打动消费者的广告，也无法改变他们的观念。

因此，对于企业来讲，跨界营销就是考验经营者的资源整合能力，其中包括对各种“界”的整体运作能力。这就好比篮球比赛，每一个队员都要守好自己的位置，不能越界。企业跨界营销也是如此，经营者既要把自己当成主宰者，也要把自己看作普通参与者。

无论是该跨界的没跨，还是不该跨界的乱跨，都是一种越界。企业经营者必须清楚自己的“界”存在的优势与劣势，以及如何取长补短，弄清楚之前不可盲目行动。因为只有合理地借用原有品牌，在遵循品牌核心价值的前提下，围绕品牌知名度、美誉度等多个维度设定新的品牌核心价值，将核心细分价值充分挖掘出来，巧妙地与跨界产品对接，才有可能迎合消费者的需求。消费者一旦接受，跨界也就顺理成章了。

当然，并不是所有的跨界营销都能很快地取得成效，跨界需要一个磨合的过程。而且过程中难免会出现越界的情况，这是企业在对跨界营销认知不清的情况下所缴的“学费”。在跨界之前，企业一定要进行理性的考量和充分的分析，一旦确认跨界，就要勇敢地走下去。

“炒作”是跨界营销的大忌

不少个人、企业或组织为了在短时间内获得丰厚的回报，于是利用网络等各种手段进行炒作，用夸张的形式去炒作一些没有新闻价值与社会价值或者价值很小的事件，甚至为了炒作目标不惜编造事件内容，完全凭空捏造出一个“真实”事件。当下，各种炒作层出不穷，不仅令人厌烦，而且严重影响人们的生活。

其实，无论是在娱乐界，还是在商业界，炒作都是司空见惯的一种营销手段。严格地说，我们说的跨界本身就属于一种炒作，最具代表性的就是明星跨界。所以，如果企业跨界缺乏实质性的内容构造，只是借跨界之名进行炒作，效果可想而知。

拿明星跨界来说，因为明星往往拥有自己的粉丝群体，他们的一举一动都被粉丝们高度关心。尤其是当红影星，本身就是镁光灯的焦点人物，一旦大角度跨界新领域，随之而来的就是媒体和粉丝的纷纷关注。不过，如果不能完成本人品牌到跨界领域品牌的过渡，等到外界的热度退却，跨界可能就变成了一种纯粹的炒作。

几年前，某歌星入股投资开了一家餐厅，许多明星好友都到场祝贺，一时间这家餐厅成为很多人追星的场所，也是媒体关注的焦点之一。

然而，经营没多久，因为办理了会员卡的消费者无法刷卡消费、供货商收不回货款、餐厅员工讨要工资无门等问题，这家餐厅最后被迫关闭。

可见，跨界营销最怕“虎头蛇尾”“雷声大雨点小”的炒作模式。因为即便一时间出现万人空巷、万众期待的情景，如果后期没有持续性和系统性的内容建设，也终究是昙花一现，以尴尬的局面潦草收场。如此，就得不偿失了。

炒作之所以行不通，从营销的角度来看，原因是品牌和企业的经营者必须说服消费者愿意为产品买单，也就是说，品牌只有在得到消费者认可之后，才能实现跨界成功。否则，缺乏后续工程的铺垫，前期所积累的“炒作”的持续性作用是非常有限的，一旦惯性消失了，那么更高的销售增长就只能是个“美好的传说”。

这样的例子不胜枚举，比如相关品牌的产品在发行初期得到了大量报道，但随后就被湮没在产品“洪流”之中。初期的热闹很多时候只是一种假象，企业一定要明确分辨出哪些是噱头制造的热度，哪些是产品或品牌本身的推动力，如果错把噱头效应当成品牌的魅力，很可能最后无人问津。

所以说，跨界营销不应该纯粹地炒作，战术上的成功不代表整个营销链的成功，企业如果将其作为战略跨界的一个环节，或许感召力非常强，但这需要基础层面的精细化运作。由于跨界更侧重于在未知领域操作，因而相关专业知识、常识的“背书”和兴趣是不可或缺的。企业要切忌在没有前期准备的情况下跨入新领域，这很难与消费者建立信任。

虽然跨界营销不容易成功，但一旦成功，就会名利双收。要确保跨界成功，首先要进行的就是定位，企业需要的是取长补短、互通有无，在产品层面、传播层面、品牌层面、渠道层面、文化层面进行跨界，这些都要有明确的界定。只有目标清晰，才有助于扩大消费群体。

另外，跨界是定量与变量的有机融合，即企业主体定量不能变，在这个前提下，才能进行多元化变量的操作。有业内专家把传统的营销4P归结为1P。所谓1P，就是一个平台，即产品不再是单纯的产品，品牌不再是单一的品牌，渠道也不再是专一的渠道。

企业只有把多个经营主体放到一个平台上，才能集思广益，让参与者在品牌、产品，以及资金、技术、经验和团队等资源上的准备得以顺利完成，发挥协同作战的优势，跨界营销才能持久而有效。

跨界整合，切忌定位不准和执行不力

随着移动互联网的发展，众多企业纷纷进行跨界整合。而要想顺利地实现整合，定位和执行是两大制胜法宝。定位不准，一切都白费；执行不力，定位再准也难见成效。一切营销与策划最终都要在执行层面接“地气”；执行不到位，不仅不会有好的成效，还会起反作用。

娃哈哈作为中国快速消费品行业的领头羊，在饮品领域的表现的确可圈可点。不过，传统行业的经验也不是万能的，在跨界营销上，以往的成功经历有可能会成为绊脚石，娃哈哈跨界地产表现不佳就是一个典型的例子。

1. 娃哈哈跨界整合，梦碎娃欧商城

2012年6月，娃哈哈集团高调宣布进军商业地产，同年11月，在杭州钱江新城开设全国首个娃欧商场，娃哈哈将这一天定义为“企业发展史上很重要的一天”。并宣称未来娃哈哈将采取租物业的办法再开设3~5家商场，计划在5年内筹建100座商场或综合体，而每年平均20座的速度可与万达广场相媲美。

理想很丰满，现实很骨感。开业一年半以来，娃哈哈首个商业地产项目——杭州娃欧商场亏损严重，娃哈哈方面已拖欠商场租金达半年之久，并有意解除合同离场。这意味着，娃哈哈的零售业梦想可能到此为止了，并逐渐沦为娃哈哈集团的弃子。

中国饮料大王宗庆后对饮料产业的熟悉程度无人能及，他每到一个地方，首先去考察市场并与当地经销商进行交流，甚至知道娃哈哈矿泉水瓶盖的螺纹有多少圈。但对于零售业而言，不得不说他还是个门外汉。可以说，他对零售业过于粗浅的认识使得娃欧商场一诞生便走向了一条不归路。

2. 定位矛盾、人才缺失导致跨界失败

实际上，作为商业零售业的“新人”，娃哈哈做娃欧一开始就不被业内看好。每个企业都有自己的成长基因，虽然娃哈哈在饮料领域做得风生水起，但是在商业地产方面则缺乏行业经验和人才储备。

首先，娃欧商场在定位上存在一些问题，以当初的定位，商场“主攻”方向是欧洲一线奢侈品的副牌、二线奢侈品牌。既然商场是拿来做奢侈品的，定位的消费者就是有钱人。这些人可能不会在乎一个包多少钱，但是他们绝对会在乎所去商场的格调，这也是浙江有那么多地方卖奢侈品，而大家却喜欢去杭州大厦买的原因。

而娃欧商场在格调上做得并不是那么让人满意，商场门口的名字牌坊，做得一点也不高大上，而里面引进的餐饮，竟然还有面馆和米粉。试想，一个买几万元包包的顾客，会去楼上吃一碗小店烧的米粉吗?

其次，商场的执行管理也是其失败的一大原因。娃欧商场的营业员并不专业，有不少都是娃哈哈里面的一线工人抽调过来的，对不少国外一线品牌都不甚了解。如果营业员自己都不了解，也就很难引导顾客消费。在这方面，娃哈哈也确实承认，在最初进入商业领域时，存在人才储备欠缺

的问题。

其实，近年来娃哈哈的跨界整合远不止商业地产。除了娃欧商场板块之外，娃哈哈在白酒、奶粉、童装、电机等多个行业都有涉及。但是除了饮料外，宗庆后涉及的这些领域发展得都很一般，甚至被外界贴上“失败”的标签。

由此可见，跨界整合并非是一件易事，跨界营销的成功除了要求战略策划上的精益求精，还离不开战略执行上的严谨细致，一个环节出问题，就有可能全盘皆输。

不可否认，多元化是许多老板的梦想，但企业整合有其自身的规律，经营者们必须学习并掌握新的市场游戏规则，不要消磨成形的品牌资产。娃哈哈近年做了很多整合外界力量联合运作的尝试，虽然不理想，但其品牌有很强的抗压力，有充足的资金和时间进行修正。而对很多企业来说，市场机会往往只有一次，“不成功，便成仁”。

所以，跨界不能图省事，定位和执行两个点最需要精准操作。方向比速度重要，方向不对，速度越快，离目标越远；定位好了还需要高度的执行力，必须执行精确的、详细的规划，保持环环相扣，这样企业的跨界整合才能成功。

忽视核心竞争力，跨界必然失败

随着互联网技术的成熟，当今商业社会的主流趋势——跨界已经无处不在。跨界并非是简单的业务延伸或扩展，而是将若干行业的核心竞争力进行融合，产生新的核心竞争力，并在原有业务框架下创造新的商业模式和盈利增长点。

那么，什么是核心竞争力呢？简单地说，就是企业在长期经营中所形成的独特的、动态的能力资源，支持着企业现在及未来在市场中保持可持续竞争的优势，这种核心竞争力是企业整合各种资源和各方面能力的结果。构建企业核心竞争力的有效途径是做到与众不同，并且以这种方式提供独特的价值。这种竞争方式为顾客提供了更多的选择，为市场提供了更多的创新。

可见，核心竞争力对企业来说意义重大。就连哈佛商学院终身教授迈克尔·波特也说：“竞争是企业成败的核心，它决定了企业的创新、文化凝聚力、执行效率等与企业整体表现息息相关的各种活动；竞争战略则是要使企业在最基本的战场（产业）上找出有利的竞争位置。竞争战略的目的就在于，针对产业竞争的决定因素建立起能获利、持久的竞争位置。”

明白了什么是核心竞争力及其重要性。那么，企业在跨界的活动中，就一定不能偏离这个核心。不过，依旧有不少跨界失败的案例，比如中国传统餐饮业的样本俏江南的失败转型。

俏江南是知名餐饮品牌，其在扩张之路上略显急躁，面对成功的巨大诱惑，缺乏对危险的清醒认识。家族企业虚弱的内功，无法助推它完成向现代公司的强力升级，尤其当外部环境骤变时，失败更是加速降临，转型中暴露出的短板被骤然放大。

2013年初开始，俏江南的经营状况陷入泥潭，多家门店由几年前的常年盈利转变为月月亏损。和许多高端餐饮企业一样，俏江南也宣布向大众化转型，相继推出团购、盒饭等多项业务，但效果并不理想。

俏江南曾计划复制“呷哺呷哺”和“海底捞”的火锅模式，将部分亏损餐厅转变为火锅店。当时的名字都取好了，叫“麻辣熊猫”，但是后来不知道为什么又终止了这项计划。

一系列的措施，都未能挽救俏江南的危机，最终它还是以转型失败告终。

其实，在跨界转型中，很多餐饮业、酒店业开始转型，都把目光向中低层消费群体聚焦，而且有不少企业获得了稳定的收益和发展。企业跨界转型其实并不容易，俏江南转型失败，虽然原因众多，但与其没有形成自己的核心竞争力不无关系，出现曲折和挫败也在所难免。

如今，在“互联网+”的大背景下，跨界转型已经成为一股潮流，也是“互联网+”时代下的必然趋势。不光是餐饮业，包括农业、工业、制造业、金融业、传媒业在内的各个行业都因遭到互联网冲击而面临着跨界转型的问题。这种跨界转型的需求极为迫切，但同时又充满风险。原因是它们没有互联网思维基础，很容易脑门发热一头扎进自己不熟悉的行业里难以自拔，从而付出惨痛的代价。

从众多跨界失败的案例中可以得知，企业跨界追求新的发展、新的增长本身是没有错的，但问题就在于以跨界取代自身的优势和稳固的发展方向和战略，企业不能以牺牲其主业为代价换取跨界的成功，尤其是在业务不清晰、发展战略不明确、没有核心竞争力的情况下，企业跨界更要慎重行事。

总之，跨界是趋势，是发展，但如果盲目跨界，就等于“自寻死路”。企业的跨界需要循序渐进，在做稳主业的同时，逐步融入新领域，步步为营才是跨界的正确之道。而且，在竞争日益激烈的现阶段，企业不能总是想着如何赚“快钱”，而应该把眼光放长远，看清楚跨界中存在的潜在风险和危机。

跨界要把握目标市场需求

每个产品都有自己特定的消费群体，企业要根据消费者的文化观念、收入、消费习俗、生活方式的不同制定不同的品牌推广战略和营销策略。所以，产品成功跨界的关键，就是要把握目标市场的需求特性，这种需求特性主要体现在两个方面：一是差异性，二是潜在性。

1. 明确需求差异

美国学者温德尔·史密斯提出过一个观点，他认为顾客的需求存在差异性，即并不是所有顾客的需求都相同，只要存在两个以上的顾客，需求就会不同。由于顾客需求、欲望及购买行为是多元的，所以顾客需求满足呈现差异。企业跨界，就必须了解这种需求的差异性。

一般来说，不同的人对产品档次的需求不同。马斯洛需求层次理论把人的需求分为生理需要、安全需要、社会需要、尊重需要、自我实现需要五个层次。人的需求总是从低级需求向高级需求发展，只有当低一级的需要得到满足时，人们才开始追求高一级的需求。

2. 挖掘潜在需求

企业进行跨界，单单给顾客现在需要的是不够的，企业还必须能激发消费者的潜在需求。一位哲学家说：“人类除了生存的基本需求是真实的之外，其他都是虚幻的。”意思就是说除了生存需求外，其他需求都是后来附加的，是一种被动性的需求。

而跨界能否取得成功，就在于企业能否说服消费者，让消费者需要企业的产品。企业必须把一个“非必需品”变成一个“必需品”。所以，所有的传播行为都必须强烈地传递这样三个字：你需要！至于为什么需要，则是企业需要挖掘的。

明确了消费者的需求，企业就需要生产符合需求的品牌产品。当品牌在一个行业内有了较高的知名度和美誉度后，企业就可以利用这种品牌认知资源，开发其他类型的产品。一方面在新产品上可以实现品牌资产的转移，为企业带来新的利润增长点；另一方面以新产品形象拓展了原有品牌的市场人群，这就是跨界带来的成果。

所以，企业在跨界时，一定要评估自身的核心能力与跨界行业的本质是否契合。也就是说，评估能不能满足跨界消费者的需求。如果依然以现有的产品为准，最终的结果可能是大败而归。一味地使用惯有的策略和方式，而不深入研究跨界行业的用户需求，这样的跨界一定是来得快，去得也快。例如，恒大冰泉就是跨界失败的一个典型案例。

在广州恒大足球队问鼎亚冠宝座时，恒大地产高调宣布进军高端矿泉水市场。恒大冰泉不仅在球场上赚足了眼球，还在多个门户网站和报纸上投放广告（如图9-2所示），而且在恒大楼盘布局的所有城市都投放了广告。此外，中央电视台1套、5套也以每次5秒、每天20～30次的高密度进行轮番宣传轰炸，花掉的费用高达6亿元。

图9-2 恒大冰泉夺冠广告

然而事实很残酷，没过多久，恒大冰泉就被人遗忘了。2015年，恒大冰泉运作不到两年时，财报显示，恒大冰泉销售额为10.9亿元，亏损则达23.7亿元，而当初恒大集团提出的销售目标是100亿元。

其实，除了矿泉水，恒大还在粮油、乳业、文化、健康、新能源等领域进行了跨界，可谓名副其实的多元化经营，但大多数的跨界都是高调进场，低调维持甚至出场。恒大因在冰泉上的一败涂地，迫使恒大集团减少了在多元化方面的投资。

从案例中可以看出，试图借助足球比赛胜利的影响力来获得成功的恒大冰泉显然是打错了算盘。因为跨界到矿泉水这样的快销品行业，需要长时间建设渠道，培养用户的习惯，而恒大却无视目标用户的需求。而且竞争对手都是在这个行业里深耕多年的巨头，恒大的跨界失败也是正常的。

其次，跨界经营并不是有钱就能解决的。现在超市和商场、便利店、社区商店、酒店中的矿泉水竞争十分激烈，况且这个行业内不仅有娃哈哈、康师傅这样的对手，还有农夫山泉、怡宝、昆仑山等品牌，这些品牌都是恒大冰泉难以比肩的。尤其是恒大冰泉的水源地跟农夫山泉一样，价格却贵了三倍，毫无竞争力可言。

另外，矿泉水属于快销品，购买频率很高，且无色无味，消费者难以比较。影响消费者购买的因素，取决于其对品牌的认同和信任。这就需要企业和消费者建立一种情感的沟通，但这种信任并非一朝一夕能建立的，需要依靠温馨的情感沟通和较长的时间来培养。恒大冰泉显然不具备这样的条件，所以只能赔上血本。

可见，在跨界经营和发展中，贪大求全是一个致命的方向性错误。很多时候一味地想服务好所有的目标用户，最终将一个也服务不好。与其如此，不如从小规模做起，从小角度切入。成功的跨界离不开精准地把握市场需求，而脱离消费者需求的跨界必然会导致失败。

企业跨界要慎重，忌盲目广撒网

如今，在移动互联网时代，各个行业都流行跨界，产业链的合作变成了产品线的整合。我们已经很难对这些跨界的公司进行准确的业务分类，尤其是互联网公司，只能看他们的主业和副业的收入比例了，但同时这个比例也是不断变化的。

互联网公司跨界是最频繁的，比如，百度是做搜索的，但其在视频、旅游、网购、金融、智能硬件等方面也全面布局，搜索成了这些业务的锁链；阿里巴巴是做电子商务的，可如今的阿里巴巴集团已经很难被归类为电子商务。当然，并不是每一个企业跨界都能够这么成功，大多数企业跨界依然要忌盲目地广撒网。腾讯做搜搜就是一个失败的案例。

谷歌退出中国后，中国IM领域的老大腾讯认为做搜索引擎的机会来了，于是跨界到腾讯搜搜。2006年3月，腾讯搜搜正式上线运营，2009年9月完成自主研发搜索引擎，但是做来做去，百度在国内搜索引擎市场中依然是当之无愧的老大。

腾讯有庞大的QQ用户群体，希望依托这个基础来抢占搜索市场的蛋糕，但其占据的份额始终非常小，甚至还不如360和搜狗。而且腾讯搜搜的业绩也不好，最后走投无路。2013年9月，腾讯宣布投资搜狗，搜搜系列产品，除地图之外，都作为“嫁妆”送给搜狗。最后，腾讯的搜索业务黯然落幕。

腾讯在中国社交网络市场上的龙头位置是不容置疑的，腾讯这次跨界失败，值得所有业内人士深思。腾讯的资源、用户、资金、人才等各个方面都占有极大的优势，跟搜狗、360相比，腾讯搜搜也不落下风，但为什么还是失败了呢？

1. 缺乏精准定位

在搜索巨头中，百度的强势地位无法撼动，因为百度就是靠搜索起家的，而且已经培养了用户搜索的习惯。百度为了搜索，调集了最强大的团队来经营和维护。反观搜搜，它把百度作为直接竞争对手，且很多地方模仿百度，这成为搜搜无法成功的重要原因。

虽然搜搜所依靠的腾讯拥有为搜搜输入流量的能力、技术能力以及超大的用户群体（例如庞大的腾讯QQ群体），但QQ客户端并没有给腾讯搜搜以强有力的支持，在用户的搜索中无法给出真正的好答案。这些导致搜搜在搜索领域没能获得较大的市场份额，未能进入市场前三，甚至在谷歌退出中国市场之后，搜搜的份额也未能超过谷歌搜索。

2. 渠道拓展不利

虽然腾讯搜搜的技术团队耗费了大量的精力建造基础架构，但没有很好地进行渠道拓展。也就是说，先把一个产品做好，再去推广，产品如果不够好，就没必要大规模地推广。搜搜开始拓展渠道时，搜狗和360搜索已经占据了很大一部分市场份额，腾讯搜搜却正好跟这个机会擦肩而过。

3. “够用了”的宿命

搜搜失败还有一个原因就是基因论。当一个公司自身的主营业务非常强大之后，即使涉足新领域，投入大量的资金、人力，企业上下的心态也会与初创企业或者做熟悉的领域时有很大的不同，这种基因就是“够用了”的宿命。

搜搜去冲击自己的新领域，必然会面临百度这样的强势对手，而“够用了”的宿命就会在他们身上出现，他们做得再好，百度对于很多用户来说都已经“够用了”，所以用户很少会再去尝试新的同类产品。

4. 错失借用浏览器的良机

腾讯跨界做搜索还错失了一个很好的机会，那就是浏览器。其实，一开始QQ浏览器是受到很多人热爱的，感觉它做得很好用。但后来就渐渐地无人问津了。究其原因，主要是腾讯认为浏览器没有商业前途和价值，因而中途放弃。

然而，等360浏览器和搜狗浏览器崛起后，腾讯才发现浏览器对搜索的带动价值巨大，但此时浏览器发展的最好时机已过。腾讯整个系统并没有给予很好的配合，所以浏览器始终没有带给搜搜应有的支持和价值。

可见，互联网巨头们在跨界上也无法逾越自身藩篱，这样的天然障碍让它们无法充分利用自己的优势，也无法吸引和留住用户。人们不需要另一个百度或者谷歌，因为早已习惯了最初的搜索方式。用户只会使用最方便的，而不是最好的。从腾讯的跨界来看，跨界并不是随随便便就能成功的。

所以，对于一个企业来说，如果无法超越跨界企业的优势，就不要盲目地进入对手的领地，除非企业有比对手更高层次的商业模式，以及有相应的技术和战略去配合。仅仅整合自有资源和商业渠道，是难以击败对手的。

目前，很多企业之所以跨界，或是为了所谓的生态圈建设，或是为了应对竞争对手的挑战。但是，跨界是大事，不可怒而兴师动众。企业一定要在深思熟虑的基础上采取行动，不可让竞争对手的行动打乱了自身的部署。

总之，跨界是一场企业化的冒险，必须评估风险的可控程度，一旦跨界产品不成功，很可能危及原来的主业，出现偷鸡不成反蚀把米的后果。企业跨界忌盲目广撒网，因为广撒网并不意味着多捕鱼。

跨界营销，是机会也是陷阱

跨界已经越来越普遍，渐渐成为媒体热炒的话题。各大行业纷纷进行自己的跨界活动。很多时候，已经很难对一个企业或者品牌做很清晰的界定。不过，跨界是机会，也是陷阱。尤其是在名人圈这样的多金行当里，跨界很容易失败。所以，跨界虽好，但事情难做，跨出去不一定就能掘到金，跨不好，还有可能损兵折将。

那么，为何跨界会有这么多失败的例子呢？其实，跨界的难点不在于形式，而在思维，思维模式不转变，新的定位没找准，眼光就永远被禁锢在原先的视野范围之内。失败源于注重形式而忽视思维。因此，只有思维跨界了，行业跨界才有成功的基础。

歌手周杰伦是“80后”“90后”的青春偶像，明星跨界是家常便饭的事，周董自然也不例外。除了在音乐上的事业，周董还涉足电影和商业。不过，与在音乐领域如鱼得水不同，他在商业领域的跨界并不是那么一帆风顺。

周董在北京朝阳大悦城投资的餐厅“J大侠”是其在大陆开办的第一

家餐厅。开业当天，餐厅的气氛非常火爆，引来众多歌迷。现场不仅要排队吃饭，竟然还有黄牛兜售排队号。然而，好景不长，很多食客质疑“J大侠”餐厅，认为餐厅味道很一般，性价比不高。

其实，这并不是周杰伦首次涉足商业，过去他曾与人合资在台北开过古董店，不过没过多久就以经营失败告终。

作为频频出现在公众场合和电视综艺节目上的大忙人，他没有时间参与其中的经营管理是很平常的事。跨界不能只依靠自己的明星效应，而不顾产品和服务质量，否则跨界吸金必然无法长久维持。

明星跨界推出自己品牌的案例很多，但大多数以经营不善告终，真正做到名利双收的非常少。尤其是在一些专业度要求较高的领域，更容易深陷泥潭，成为跨界的炮灰。明星利用名人效应的确容易获得媒体和粉丝的关注，但大多数都如昙花一现。

可见，许多粉丝都是非常理性的，如果不能达到粉丝的需求，他们一样不会买单，最终只能以失败告终。当下，不管是国际还是国内，很多“跨界”都只是以浮躁的态度盲目跟风，真正具有跨界思维的人极少。这还体现在电影游戏的跨界中。

近年来，网络游戏已经成为一种非常普遍的娱乐产品，中国玩家数量庞大，迅速增长之后，步伐已经缓慢下来，甚至有不少玩家开始退出网游圈子。游戏公司都在思考，如何合理利用当前的玩家规模来避免行业的萧条。

与此同时，影视、小说等同样拥有大批用户群体的领域却开始繁荣起来，游戏寻求跨界合作也就顺理成章了。游戏业跨界领域开始触及影视和小说，因为两者的题材和用户群体特征比较接近。虽然其中有些跨界作品都获得了一些成功，但失败的案例更多。

例如，2014年12月，电影《一步之遥》与同名游戏一起上线，但游戏中技术性问题频发，玩家在玩游戏的过程中总是闪退。这类技术性的低级问题一旦出现，玩家的流失就在所难免。本来影游双方希望跨界合作，以吸引更多的玩家和影迷参与其中，没想到却因为产品质量不高而被轻易淘汰。

由此可见，游戏跨界同名电影虽然能够获得噱头，但是如果游戏品质过于低劣，游戏内容与电影关系不大，创新和玩法也很缺乏，游戏就会成为一个只有名字没有灵魂的躯壳。如果商家不花心思为消费者设计好的产品，提供给用户良好的体验，那么这种跨界只能让自己掉入陷阱。

所以，游戏业跨界并不简单，想要成功，就必须沉下心来创新，把用户体验作为重中之重来研究。如果粗制滥造，只是借用电影的外壳和一些影片中的角色，游戏内容和电影情节却对接不上，终究难逃失败的命运。

跨界成功的关键点并非在于简单地模仿和借用电影中的名号，而是在此基础上赋予电影人物更适宜的游戏人物技能和能力，体现电影人物的特点，并将游戏的设计与剧情有效互动，产生优化反应。而目前国内影游跨界多是模仿甚至照搬，这对整个行业的未来发展影响非常大，如果不及时改变，这种跨界难免以失败告终。

第十章
做好跨界营销，须把握未来趋势

这是一个跨界“打劫”的时代，你不跨界“打劫”别人，别人就跨界“打劫”你！在跨界营销已成为趋势的时代，想要真正做好跨界营销，去别的行业“打劫”是一件极不容易的事情。这需要我们对未来的市场趋势有一个清晰的认识，只有如此，跨界营销才能百战不殆。

未来，抢占入口是跨界的重心

入口，通常指的是寻找信息、解决问题的方式。对于互联网而言，搜索引擎就是互联网的入口，网址导航也是入口。用户的需求决定入口，占领入口就相当于占领用户，这是巨头们抢占入口的最原始动机。

事实上，互联网的兴起就伴随着激烈的“入口之战”。例如，浏览器是用户访问互联网的重要工具，是入口之一，而操作系统则是整个链条中最大的入口。如今的移动互联网正在进行入口争夺战，所谓“得入口者得天下”。

当下，一切皆可连接，入口之争也愈演愈烈。移动互联网经济，其实就是入口经济，谁优先垄断了入口，谁就掌握了用户和现金流。入口的争夺主要表现在：人与人、人与终端、终端与终端、人与服务（如图10-1所示）。每一个企业都希望自己成为入口。然而，失败者却占多数，因为占据入口并非易事。

在整个商业的运营中，一方是供给方，另一方是需求方。双方想要建立连接，就必须有一个中间环节，也可以说是中介。而互联网的发展使得传统的中介被摧毁，用户和企业可以直接建立连接，为企业与企业之间的跨界提供了便捷。不过，互联网在消灭传统中介的同时，又培养出另一个中介。比如，搜索引擎几乎成为信息世界的唯一中介。

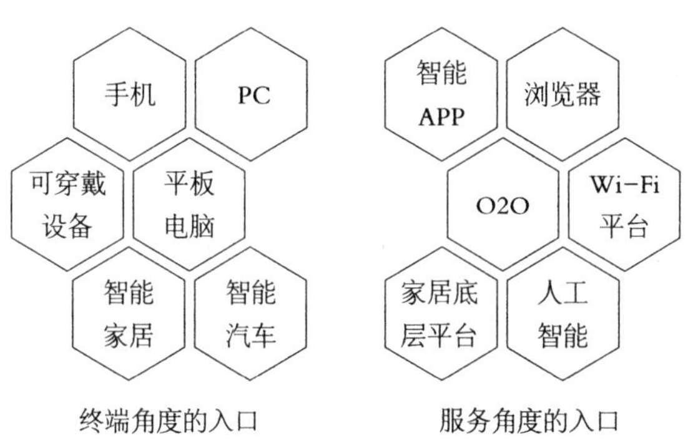

图10-1 入口争夺的体现

中介也可以被称为“入口”，通过入口，企业和个人都可以满足自己的需求。搜索引擎如此，阿里巴巴的“电商”也是如此。其实，很多企业都有成为“某某领域里的淘宝、天猫”的愿景，也就是成功地争夺入口。

因为，做中介式的入口，可以像阿里巴巴一样，获得一种“躺着收钱”的感觉，于是很多企业拼命想成为行业的入口。因此入口非常火热。然而，供需双方必须出现井喷，两头丰裕出现，入口才会产生价值。否则，入口是很难占据的。

所谓“得入口者得天下”，我们可以看看以下的入口争夺战：

1. 浏览器入口之争

搜索引擎、网址导航、浏览器，背后隐藏着入口的明争暗斗。Google倾力打造自己的搜索引擎，是因为降低入口风险的最好办法就是让自己成为入口。移动互联网入口之争正在展开，这是一个堪比传统互联网的新兴市场。

不过，传统的浏览器与搜索引擎仍然是重要的入口，因为移动互联网的各种应用分散了用户的注意力。比较成功的手机浏览器有UC浏览器、QQ手机浏览器、百度手机浏览器等，各种不知名的小浏览器产品就更多了，它们都期望从移动互联网浪潮中占据自己的入口，但依旧撼动不了百度、谷歌等传统搜索巨头的地位。

2. 团购入口之争

团购网站的供给曾经一度十分火爆，从“百团大战”一路变成“千团大战”。在如此多的团购站供给之下，团购的中介方，比如团800就显得比较重要。因为消费者不太可能去1万多个团购站找团购项目。

问题在于，团购站本身也是一个中介（商家是一个供给方），且团购站互相竞争之后，慢慢就会导致大量团购站消失。于是，供给减少，团购站的中介就很难在商业上继续成立。在这个领域中，团购本身就是入口，在团购之上再做入口，意义和价值会打上一个很大的问号。

3. 应用程序入口之争

应用程序是与移动互联网、智能终端密不可分的重要一环，应用程序的受欢迎程度已经远远超过传统的简单应用。用户可以随意玩游戏、找美食、买东西、拍照片，设备与系统都是舞台，而应用程序就是台上唱戏的重要主角。

伴随着应用程序的快速流行，开始出现各种形式的第三方应用商店或者应用程序推荐，优秀的应用程序成为移动互联网不可忽视的重要入口，不过，目前国内应用程序商店太多、太杂，推荐的应用大多品质良莠不齐。

由此可见，左手牵买方，右手牵卖方，居中配对，这种阿里巴巴模式吸引了很多人。任何一个企业都想在自己的领域占据“入口”，但其实并不是所有领域都能轻易地达到这个目的。

企业一定要记住，入口的成立在于“一种丰裕必然会催生一种稀缺”。但如果供给不是数量众多，就好比在一条车辆稀少的公路上设卡收费一样，最终只会徒劳无功。企业进行跨界营销也是如此，未来，要更多地想方设法占据“入口”。

移动互联网时代，营销的变革

我们知道，传统营销理念中主要是以商家为导向，以商家利益为核心，在顾客需求上主要保持着旧的需求，并没有刺激顾客产生新的购买需求。而移动互联网时代的到来，使得营销正在经历快速的技术变革和思维碰撞，营销方式正在走向融合，营销界变化日新月异，对市场营销者自身素质和能力提出了更高的要求。

如今，现代企业的营销理念已经发生了巨大的变化，口碑效应越来越明显，企业营销也不再故步自封，而是追求最高的层次。总的来说，营销呈现出以下几个趋势，熟知这些趋势能够为企业跨界提供清晰的脉络，并有利于企业掌握市场营销的潮流和动向。

1. 数据库化管理

任何企业都需要对自身和行业做出精准的定位，包括企业的战略定位、业务发展目标及方向定位、客户群体定位、行业竞争点及竞争对手定位。有了定位，才能有针对性地、有根据性地挖掘出相关信息，建立企业核心的消费者数据库，避免企业在海量数据中无从入手，并为企业后期营销战略的制定与实施提供具有精准性与实时性的数据和分析结果。

因此，企业需要在数据库上对客户的需求和涉及购物过程的相关信息进行记录与数据分析。这样能够将这些信息建立在企业全方位的数据库管理上，使之成为企业数据库的一部分，企业才能更好地开展有针对性的客户营销。数据化管理必将是营销未来的一个走向。

2. 自动化营销趋势

为了取得营销的成功，市场营销人员需要花费大量精力去创建、交互和优化活动，以满足特定的业务目标。尽管许多功能在不断实现自动化，但许多企业依然采用原始的营销手段，例如，花费无数个小时手工完成整理大量数据、创建报告等任务，这就浪费了大量的人力资源，并增加了人为错误的风险。

所以，未来的营销活动，不是埋头于商业价值低的乏味工作中，而是善于利用今天的新技术和营销格局，使用新的软件等工具来替代低价值、低效率的工作，使用智能化、自动化的技术软件工具来挖掘更大的营销潜力，把时间专注在战略、移动等关键领域。如此才有可能取得跨界营销的成功。

3. 多渠道整合营销

2011年，全美零售商联盟正式提出“全渠道”概念，谷歌公司也提出了“ZMOT”概念，即零点接触营销术，意指让消费者在未接触到商品前，就已经通过网路向消费者进行营销，从而让消费者主动接收产品的正面信息，并影响其最终消费行为。

如今，越来越多的用户倾向于多屏化的消费习性，甚至倾向于双屏或三屏互动，这就要求企业利用多屏设备跟踪顾客的信息，除了按照以往的方法跟踪用户外，还需要整合用户在不同页面或者媒体上的登录信息，同时还需要对同一客户在使用电脑、平板电脑、手机等不同设备上的登录信息、浏览情况、使用偏好等数据进行可视化的统一归集分析，从而搭建出更灵活、跨界性强、多形态的整合营销。

4. 智能化营销平台

邮件为市场营销者快速开展整合营销渠道提供了一条捷径，但由于业务和客户营销上的广泛需求，营销渠道并不止于这种方式，而是更加分散和复杂。

例如，如何把流行网络广告与营销自动化结合？如何通过电子邮件地址，以邮件和广告触碰用户？如何预先设置好流程，根据用户行为完全自动化触发后续营销活动？这些需求都需要依靠新技术。

目前，市场开发了先进智能化营销平台，以多渠道数据共享、大数据分析及智能化为基础，可以在用户主流的触网场合，如邮件、程序化广告、微信、APP手机软件等，进行全网内容自动推送。在可预见的将来，市场营销会出现更多智能化的平台。

5. 终端化营销发展

如今，智能手机用户越来越多，消费者在移动端的市场规模高速增长。因此，移动端的营销市场也在近年呈现了高速增长的态势，未来几年预计还会保持50%~60%的增长。由此可见，移动端具有更大的市场潜力。随着无线通信技术的发展，企业营销可以建立在终端平台的基础上，通过在APP终端、移动客户端上为消费者提供更多的优惠与便利，进而促使其产生消费诉求。

总之，信息技术已经在社会与经济生活的各个领域不断推进，并且日益改变着人类的生活方式，随着互联网、云计算服务的深入人心，在未来的信息化潮流中，现代企业之间的商业竞争与商业活动，必将在移动互联网的发展下促进营销的创新与发展。

未来的理想跨界是追求高毛利

如今，互联网巨头公司已开始划分势力范围，投资、并购频频发生，尤其是腾讯与阿里巴巴，其投资、并购消息迭出，让人应接不暇。而这一切之所以发生，离不开移动互联网的迅猛发展。移动互联网并不是简单的“移动的互联网”，无论是用户端，还是企业端，其都与桌面互联网不尽相同。一些在桌面上赚钱的业务，比如门户、搜索，在移动端里却毫无起色。

我们知道的BAT三家巨头，在桌面互联网上各自把握一端：百度信息流、阿里巴巴消费流、腾讯社交流，做的都是高毛利的生意。

百度以关键字广告为主，在所有上市的中国互联网公司中广告份额居第一；阿里巴巴是通往掘金之路上的摆渡人；而腾讯以游戏为主，在游戏领域中是当仁不让的老大。

真正意义上的电商，其实BAT三家公司没一家能玩好。百度稍稍试探了一下，就偃旗息鼓；腾讯折腾了很久，依然没有什么太大的起色，最终将易迅甩给了京东，并成为后者的股东了事；阿里巴巴在电商领域，也只是投资了几家公司，很少具体去做。

移动互联网带来了巨大的变化，比如，屏幕大小的变化，用户使用习惯的变化，这些都与桌面互联网有很大的不同，这使得互联网巨头们非常焦虑，高毛利业务在哪儿?

1. 支付领域

腾讯和阿里巴巴都发现了支付业务的商机。虽然支付业务本身并没有太多的毛利可言，但支付紧密联系着金融。而金融业，是出了名的高毛利业务。

阿里巴巴利用电商现金流，阿里小贷得以展开，这是一项毛利很高的业务，而且由于阿里巴巴掌握着电商的现金流，使得坏账率很低。虽然阿里小贷并没有微信红包、余额宝这么受关注，但这个模式的重要性不言而喻。

腾讯一开始涉及的支付业务是财付通，但一直不被市场和用户关注，直到2014年春节的微信红包，这才迅速火了起来。接着腾讯、阿里巴巴又在打车软件上进行跨界活动，目的只有一个，即争夺支付用户。

2. 游戏领域

在游戏这个高毛利的领域上，腾讯依托微信找到了感觉和方向，当微信把控住轻游戏的入口时，作为中国游戏第二名的网易，无法坐视将来被微信赶超的现实。网易因此推广它的易信，甚至与中国电信作为同盟军，然而终究无法崛起。

移动领域中搜索依然很重要，但重要性显然无法和桌面领域相提并论。也就是说，它不是一个“入口”。例如，百度“躺着收钱”的历史已经过去，从市值上看，虽然百度一度是中国市值最大的互联网公司，可如今却大概不到腾讯的一半。

百度的重点是中间页和云生态，试图复制桌面上的模式。其实百度如此重视地图业务，和桌面上的搜索根本逻辑是一样的：从一个位置出发找到附近的服务信息，如同在桌面上从一个关键字出发找到匹配的信息。然而，百度能否寻找移动的高毛利业务还有待观察。

总之，哪里有高毛利，巨头就会出现在哪里。巨头们的所有投资收购，一方面，不断试探高毛利业务点，另一方面，也生怕错过了某个未来的高毛利业务点。因此，许多巨头公司看着中小公司去做，略有成绩便立刻下场跟进，依靠自己庞大的资源和实力，让中小玩家迅速出局。

由此可见，巨头企业的实力之大，使其能够轻易地成为其他行业“门口的野蛮人”。未来，投资、收购会不断地发生，一直到它们真正找到自己的高利润点，到了那个时候，自己动手亲为又将出现。

正确认识、应对泡沫，企业才有未来

改革开放至今，中国经济无数次被比喻成“泡沫”，所以大家都对泡沫心有余悸。然而回首过往，善于多元化发展、不断开疆扩土的企业家大都做大做强，而很少产生“泡沫”的实干家，包括家电行业的多个重量级企业，都没能达到崭新的高度。

所以，企业要正确地认识泡沫。首先，泡沫并非没有价值，而且其社会价值还很大；其次，泡沫并非完全没有商业价值，只是说，作为独立业态恐难成立。泡沫被当成贬义词是片面的，因为但凡一个成熟的细分行业，都必须经历泡沫期。尤其是在互联网细分行业，未经泡沫是很难进入到成熟模式的。

而人们之所以担忧泡沫，往往是因为对泡沫的恐惧。泡沫就好比在固定量的肥皂水里无限地填充空气，越吹越大，越吹越下沉，吹到最后就爆了。所以，泡沫是一定会破灭的，害怕并没有用。企业战略中的“泡沫”大多数是因为人性的贪婪、对现实评估缺少理性、空洞地通过外力改变形态，最后经不起市场的检验而造成的崩溃。

比如，曾经出现的泡沫，有视频行业，有电商行业，也有团购行业等。目前来看，视频行业可以说已经成立，并在慢慢成熟；电商当然也是成立的，而团购是否能成为一个独立的行业，还不太好说。当下，有些行业正有泡沫之势，比如可穿戴设备、大数据、科技博客等。

可见，泡沫普遍存在，但大部分都是健康的。所谓健康的泡沫，是指高速成长的大中型企业，根据公司核心竞争力战略延展的需要，以生态构建的思维，通过战略投资、独立业务单元试错、前瞻性营销或跨越式发展，打破稳定的平缓发展结构和业务边界，围绕主战略的多元化开展的泡沫式扩张。

企业的重点不是想尽一切办法杜绝泡沫，而是对健康泡沫做好管理，这是目前企业管理领域的重点，也是支撑企业家商业决断的重要思维。健康的泡沫就好比是风口，大家都觉着好，都要来干。企业如果发现自己的行业正在进入泡沫期，应该是值得恭喜的，因为你找到了风口。而没有泡沫的企业则很有可能是失败的预兆。

例如，索尼是没有泡沫的失败公司的典型代表。2000年，索尼的最高市值达到1250亿美元，但到2014年，其最低市值曾下降到180亿美元左右，2015年也是一路狂跌。这家公司曾经无比辉煌，近几年却基本销声匿迹。

表面看，索尼的战略没有什么大的问题，一如既往地专注于电子产品，一如既往地追求品质。但是，在苹果手机等智能手机的间接影响下，索尼最终日薄西山。索尼的没落验证了那句话——企业真正的敌人往往在行业之外。

由此可见，健康的泡沫是对企业有利的，但这并不意味着企业可以无视泡沫的存在。很多企业在泡沫破灭之后“死伤遍地”，就是因为没有正确地认识和对待泡沫。那么，对一般的企业来讲，如何安全地度过泡沫期呢？

最重要的是要有融资能力。对于很多企业来说，有钱才能做项目，没钱根本就不用谈什么用户体验、产品打磨。所以，企业的主要工作是融资，其他都可以暂时放放，体验不好，产品有瑕疵，都没什么要紧的，但如果融资迟了，将来就是另一版本的优酷、土豆的故事了。

众所周知，优酷最终吃掉了土豆，其中一个很大的原因，是土豆的融资能力太落后了。而在融资能力上做得比较好的，则有滴滴、快的各自背靠大树、狠砸银子的案例。所以在打车这个基本上细分的市场上，已经很难有第三者出现。

总之，面对泡沫，融资能力是企业的核心要素。每一个细分领域，只有经历泡沫，才能奠定它商业成立的基础。泡沫是一场清洗，它将失败者清洗出局，而强者将会更强。

跨界服务，必将渗透每一个行业

随着互联网、云计算、大数据等科技的加速发展，尤其是物联网时代的来临，人类将开启智能生活的大门。但智能型生活中的城市、家居、娱乐、商品都离不开高效的服务体系，善于运用智能科技将会大大提高人们生活的便捷性。

服务跨界的根本原因在于消费者的新型化和体验需求多元化。比如电影业，如今，看电影已经成为越来越多年轻人的娱乐项目，而且人们更多的是运用PC、手机、平板电脑来进行订票支付等操作。网络的便捷使得观众到电影院买票观看的欲望下降，这就要求电影院要拿出更多的体验化服务来吸引观影的主流人群。

另外，近年来电影院线随着中国电影产业的壮大开始迅速扩张，市场已经趋于饱和，影院之间的竞争也日益激烈。这迫使很多院线开始尝试通过对接互联网，把影院打造成为社交场所。比如，万达城市影城就拥有餐饮、酒吧、游戏、观影、卡拉OK等设施。

除了周边服务，影院未来也可能会成为一个满足人们综合需求的地方。比如万达院线和腾讯影业合作的游戏电竞赛事直播，让全国超过100家城市的游戏玩家都能够走进电影院观看《英雄联盟》的电竞比赛。这种方式的社交属性非常强，在影院里，玩家们可以充分互动，一起体验比赛的激情，并且全方位体验影院的音响和大屏幕效果。

如果说互联网的未来是朝着多屏幕的趋势发展，那么，人们在平时生活、娱乐和工作中所需要的屏幕肯定是越大越好，而把电竞比赛搬入拥有大屏幕的电影院的确是一种引动未来的很好尝试。可以想象，未来影院可能会引入更多的场景来吸引各个领域的用户，比如体育赛事的直播、动漫比赛的展播、营销推广活动等，把人们从线上到线下的体验打通，可以极大地丰富影院跨界服务的体验。

在这一点上，互联网企业看得很清楚，它们早早就开始布局跨界服务的格局。除了腾讯影业和万达院线的合作，还有百度糯米和星美院线、乐视影业和阿里巴巴影业与大地院线的合作，这些互联网企业，都是从线上到线下打造影院服务生态链。

与电影业相比，餐饮业的跨界服务来得更为广泛和深刻，作为一个非常传统的大服务领域，餐饮业的功能在将来不光是就餐这么简单。除了就餐，还要在此基础上进一步拓展餐饮环境中的文化和体验来进行服务跨界。不仅如此，餐饮业还和影视、游戏，甚至美妆、服装等多个行业进行服务跨界的多元化合作经营。

餐饮业是一个跨界的优质平台，因为各种不同类型的消费者都可以在就餐时会聚，并且停留时间较长，非常有利于跨界服务的开展，且模式简单、循环力强、现金流动快，因此，餐饮业在跨界服务中的效果要比其他行业来得快、来得好。

餐饮业有密集的覆盖范围和众多的连锁机构，它吸引的人流比一般行业都要多，而且消费者吸附功能较强，对于跨界服务的优化是能起到很大作用的，这样不仅可以提升顾客的体验，还可以给餐饮业和跨界相关的其他行业带来深度的价值。

另外，餐饮业也可以进入其他行业进行融合跨界，比如在大型书店内开辟专区，建立“美食广场”，内设快餐店、咖啡店等设施，以吸引更多的爱书人前来就餐，达到“就餐+文化服务”的双重功效，而且两种服务还可以统一结账，产生更强的复合式吸引效应。

总之，跨界服务是一种新型的商业服务模式，为现代企业转型提供了一条新思路，也给服务业带来了巨大的挑战。企业要跨越不同行业和产业的界限，在自身不擅长、不熟悉的行业和领域内进行资源整合，这样才能谋求更大的发展。未来，将有更多的企业开始涉足跨界服务，不同产业、行业的交叉和融合会越来越多，彼此的边界也会越来越模糊。

企业要注重长远价值，为未来而战

在工业时代，企业的产值越多意味着企业的价值越大，也就是说，产值的多少决定了企业的价值大小。而在移动互联网时代，企业价值的体现则发生了很大的变化，这个时候主要看企业的估值。那么，估值和产值有什么区别呢？简单来讲，产值注重的是企业的短期利益，而估值是企业长远的利益。

例如，小米公司曾经的产值是700多亿元人民币，但估值却达到450亿美元。小米公司虽然不是产值最高的科技公司，却成为估值极高的未上市科技公司。为什么会出现这种情况呢？原因就在于，在当时看来，小米有着无可限量的发展前景。

估值是从长远的角度对企业进行的评价，在移动互联网时代，企业往往对估值情有独钟。但要真正实现高估值绝非是一件容易的事情，企业只有把各项经营决策围绕用户体验展开，赢得用户的支持和忠诚度，才会有发展前景。

举个例子，腾讯之所以成为国内互联网行业巨头，主要得益于QQ和微信，QQ为腾讯的发展奠定了坚实的基础，而微信则是腾讯公司腾飞的关键。

微信提供免费的良好服务，这一点填补了用户电话付费和短信付费的痛点，获得了众多用户的青睐。这样一来，拥有海量用户的微信只要在自己的微信上嫁接一项商业功能，即使只有很少的用户愿意付费，微信也能变成腾讯公司的一个赚钱利器。

虽然，目前微信给腾讯公司创造的利润并不多，但其用户已经达到了9亿多，微信单独上市，其估值至少在200亿美元，这就是长远利益。

由此可见，互联网企业应当先着力于为用户提供极致的服务，解决其痛点，再在用户的规模上建立强大的盈利模式，利用用户黏度和忠诚度实现长远利益，这种不同于传统的新模式，是值得所有企业学习和借鉴的。

另外，互联网企业注重长远利益的另一点是注重团队成员的价值。在互联网企业中，员工是企业的资产，企业的管理层只有善待那些为企业创造价值的员工，企业的长远利益才可以得到保障。

比如，BAT巨头总监以上级别的人才，即使手头没有什么成熟项目，投资人也愿意直接给钱，送给他们股权让他们另起炉灶，通过创业实现更大的价值；另一方面，BAT不断地给这些人才加工资、分股权，或者通过其他利益来留住他们。其实，这一切都是为了企业的长远发展。这也是为什么越来越多的企业开始注重人才的原因。

当下，越来越多的互联网创业公司开始为员工配股，实现上班自由化，目的就是为了留住员工，使员工能够为企业创造更多的长远利益。比如我们熟知的小米公司就是如此。

小米在创业初期，雷军就有一个理念：将员工当作企业的主人，和员工分享利益。于是，小米公司刚刚注册成立时，雷军就开始推行全员持股、全员投资的计划。小米创立初期的56个员工，一共投资了1000多万美元，每人平均投资约20万美元。

另外，小米还用较高的工资和较大的股权上升空间来激励员工不断提升自身的工作能力。对于那些对物质没有太大追求的工程师，小米则用精神上的满足感让他们获得巨大的工作动力。比如，让他成为米粉们最尊敬的工程师。

正是雷军对人才的注重，使得小米成功地走到现在。

如今，人才已经成为企业获得长远利益不可或缺的因素。然而，依旧有很多传统企业追求看得见的投入和产出，将企业的短期利润看得至关重要，这样不仅会使企业在诱惑面前失去道德底线和形象，还会给企业的长远发展带来隐患。

所以，企业要想在移动互联网时代获得长远利益，就不要在跨界初期过于计较是否能实现短期赢利，而要将用户的利益和体验放在第一位，同时善待人才，重视人才。唯有如此，企业的跨界才会有长远的未来。

后记

POSTSCRIPT

从跨界到无界，做个不忘初心的营销人

随着科技的日新月异和移动互联网的飞速发展，品牌与消费者以及产业链上各个环节之间的关系正在发生变化，界限正在消失，一个营销生态圈正在形成。当众多的“界限”被打破，消费者与品牌之间实现了直接的“连接”，营销界就变得更加复杂而有趣。

此时，跨界营销成了一个不可阻挡的趋势。它通过不同品牌、品类的互相渗透与联合，获得资源上的协同效应，形成更有立体感与纵深感的品牌形象，加深用户对品牌的认知和忠诚度，成为一种交流、融合的趋势，也是一种冲破壁垒、打破藩篱的趋势。

而企业之所以纷纷跨界，就是为了通过跨界实现“无界”。也就是说，不同企业、不同品牌、不同行业乃至不同消费群体之间本来是没有边界的，只是因为人们有了多样化和个性化的需求之后，才出现了界限。

与此同时，消费者需求的差异化又要求企业推行无差异化的营销方略，其重点之一就在于满足消费者的个性化需求。在这样的背景下，企业与企业、品牌和品牌、产品同产品之间的边界性需要不断被弱化，逐渐向“无界”发展。

可见，消费者需求的变化是推动企业进行营销革新的催化剂，经营者需要有快速学习的能力，以企业战略的高度来审视这种新型的营销思维。因为只有搭上跨界这班“高速列车”，企业才能与其他优质资源共享成果。

再者，跨界的到来，也使得企业之间原来的纯竞争关系演变为“竞争—合作”关系，并最终实现纯合作关系。

在跨界营销中，企业作为参与的主体，应该以开放的心态和整体“一体化”的思维重新定位过去的营销经验。其实，无论是传统营销，还是跨界营销，营销的本质并没有改变，企业管理者都应该从战略层面把新理念落实到营销中去，努力做一个优秀的营销人。

首先，要以开放的心态，不断学习和尝试创新。如今，营销的世界因数字和科技而变得更加丰富多彩。过去，品牌与消费者之间隔着千山万水；而今，互联网技术的发展让用户可以直接与品牌实现连接，实现“一对一”互动。

可以说，在当下的营销环境里，已经没有时间、空间和国界的限制，品牌通过一个社交平台，即可将处在不同时空的消费者连接起来，为他们提供内容和体验，打造一个用户生态圈。营销已经不再是“我说你听”，而是在生态圈里的互动交流。

所以，营销人要时刻抱有学习的态度，通过社交媒体、移动互联网等，在跨界营销中做到定制化、个人化，通过更理性地洞察消费者，更富有创意的手段，为用户带来更为个性化的体验和内容，引发消费者的共鸣。

其次，需要不忘初心，坚守品牌的价值和理念。因为技术再发达，打造独一无二的消费者体验，创造与消费者产生共鸣的内容，打造品牌的核心价值，是营销人始终不变的目标。在这个碎片化时代，各种新鲜事物吸引着人的眼球，消费者的记忆已经变得非常短暂。如果一个品牌忘记初心，毫无疑问，一定会渐渐地被消费者遗忘。

营销人一定要记住，任何时候，打动消费者内心的都不是技术，而是品牌故事。技术无论如何发展，都只是一种服务于消费者的工具。而要想与消费者产生共鸣，营销人需要有讲述故事的能力，通过品牌故事与消费者进行互动，用自己的服务改变消费者的生活，这是未来营销的方向。

总之，从跨界到“无界”的过程，是企业经营者从主角到配角的过程，也是企业从“红海”到“蓝海”跨界的过程。而营销人作为跨界营销中的重要角色，只要善于学习，不忘初心，相信一定可以创造出更多的商业奇迹。